En toute Amitié

Un remerciement spécial à la direction
de l'Hebdo-Journal de Cap-de-la-Madeleine.

Les Éditions de l'Époque
une division de QUEBECMAG
3510, boul. St-Laurent, suite 300
Montréal, Québec H2X 2V2
Tél.: (514) 286-1333

Éditeur: Pierre Nadeau

Conception graphique: Gilles Cyr, le Graphicien inc.

Photographie: Sylvain Giguère

Composition et mise en pages: Imprimerie Dumont

Production: Annie Tonneau

Distribution:
Agence de Distribution populaire inc. (ADP)
Tél.: (514) 523-1182

Dépôts légaux, 4ᵉ trimestre 1986:
Bibliothèque nationale du Québec et
Bibliothèque nationale du Canada

ISBN 2-89301-036-1

ROLAND LECLERC

En toute Amitié

Les Éditions de l'Époque

TABLE DES MATIÈRES

Une texture faite de brins d'évangile

Un grand nombre de téléspectateurs francophones connaissent bien l'abbé Roland Leclerc. Ils le voient interviewer respectueusement des personnes sur leur croyance au programme *En toute amitié* ou animer dignement l'émission *Le Jour du Seigneur.* Les lecteurs de quelques hebdos ont l'habitude de lire chaque semaine ses réflexions sur un fait d'actualité.

Roland Leclerc est prêtre et journaliste. Je remarque chez lui une harmonieuse unité de sa personne. Ministère presbytéral et travail professionnel se conjuguent pour produire une animation journalistique qui est aussi une communication évangélique. J'ai lu les billets contenus dans le présent volume. J'y trouve le même accueil des événements et des personnes, le même reflet des valeurs et de l'évangile que ceux vécus personnellement par les témoins interviewés à l'émission *En toute amitié.*

Roland Leclerc pose des questions radicales aux personnes et aux événements. Il cherche le fil conducteur de l'histoire de ses invités. Il fait jaillir la vérité inhérente au «vécu» des gens. Chaque fois, cependant, il le fait avec des attitudes qui donnent à chaque témoin le sentiment que l'interview, le dialogue ou le récit se déroulent en toute amitié. Pas étonnant. La tex-

11

ture de la conversation est faite de brins d'évangile.

Jésus donne à ses disciples son message en faisant ressortir des scènes de la vie la vérité des choses. La vie quotidienne, les attentes humaines, l'histoire naturelle constituent la trame où s'inscrit l'annonce du Règne de Dieu. De même, en partant d'une anecdote, d'un fait divers, d'une expérience vécue, Roland Leclerc raconte une difficulté, analyse un événement, dégage des pistes qui débouchent dans l'évangile et une vie humaine plus profonde. En faisant son travail, ce journaliste accomplit en même temps l'oeuvre du prophète.

Jadis, la Bonne Nouvelle était annoncée principalement par la prédication paroissiale. Cela se continue encore aujourd'hui. Toutefois, à ce ministère essentiel, il importe d'ajouter l'action exercée par les chrétiens dans les mass media. Un grand nombre de personnes ont peu de contacts avec les communautés chrétiennes célébrantes. Par ailleurs, ces gens voient leur mentalité façonnée, de multiples manières, par les mass media. Il est heureux que des personnes comme Roland Leclerc y travaillent et y apportent le message évangélique à travers leurs attitudes et leur contribution.

La lecture des écrits de Roland Leclerc reproduits dans *Quelques brins d'évangile... en toute amitié* donne une occasion très belle de rencontrer quelqu'un qui, après avoir favorisé la confession de foi chez de nombreuses personnalités de notre milieu, se fait lui-même témoin de l'évangile. Puisse le contact avec cet auteur qui est prêtre vous faire connaître l'accueil, la lumière, la paix et l'espérance.

Bernard Hubert
Évêque de Saint-Jean-Longueuil
Président de la Conférence des évêques
catholiques du Canada

Dans la foi

Dieu par expérience

Au début, la fillette, appelons-là Sylvie, avait eu de la difficulté à s'adapter au régime de la classe «maternelle». Pendant des mois, elle apprit à se discipliner. Par jeu d'abord: en entrant dans la salle, on faisait le train en se tenant par la main avec ses petits camarades. Après une activité, elle s'amusait également à «faire le ménage» en ramassant les papiers, cartons et en rangeant bien à leur place, les pinceaux, ciseaux et pots de colle.

Un matin particulièrement gris, alors que les enfants montraient des signes évidents de turbulence, mademoiselle Nicole, la jardinière, intervint doucement pour suggérer qu'on entre bien en ordre pour ne pas gêner le déroulement des activités dans les autres classes. La réponse fut empressée: Sylvie mit tout son effort à marcher doucement «pour répondre à la demande de Nicole et aussi pour ne pas gêner les activités des autres enfants».

Il suffit de quelques instants, en classe, pour amener les tout-petits à prendre conscience de la beauté du geste qu'ils venaient de poser. Ils devenaient un peu plus sensibles aux besoins des autres.

Et ce fut la célébration de Noël, en classe, toute simple, dans une ambiance de recueillement et de joie. En allumant une belle lumière devant l'image de Jésus et Marie, la jardinière dit: «Nous, on est joyeux, on est tout lumineux aussi parce qu'on fait de belles choses ensemble et parce qu'on aide les autres.» Avant de lancer un chant de Noël, elle a expliqué ce qu'est Noël: «la fête de la lumière où, Jésus, le Fils de Dieu, se fait très proche de nous et vient nous aider à être plus heureux. Nous sommes joyeux parce que Dieu est content et que Jésus est avec nous».

Quelques semaines plus tard, à propos d'une phrase de Nicole qui avait employé le mot «Dieu», un petit garçon pose cette question: «Dieu qui c'est?» Et Sylvie, spontanément, a dit cette phrase magnifique, qui répondait si bien à l'autre enfant et qui devait laisser la jardinière dans l'admiration: «Dieu? Tu sais pas? C'est celui qui veut qu'on s'aime!»

Sylvie, à 5 ans, ne savait certes pas toutes les paroles du Notre-Père. Elle n'avait sans doute jamais vu d'image de Dieu avec grande barbe ou glissant à plat ventre sur des gros nuages. Elle n'avait jamais récité de réponse du catéchisme sur Dieu. Mais elle savait! Elle savait d'expérience.

Le coeur ou la loi

Le mouvement «Les Retrouvailles» existe en plusieurs endroits et veut permettre le rapprochement de personnes que l'incompréhension, la haine, le refus d'accueil ou l'absence de pardon ont tenu éloignées pendant plusieurs années. Regardons à ce propos dans la parabole du père «fou des retrouvailles», celle de l'Enfant prodigue.

Entre vous et moi, qu'est-ce qui pouvait pousser le jeune garçon lorsqu'il était découragé, seul, sans le sou, à penser venir frapper à la porte de son père? Ce n'était pas la loi, ni son droit, car tous les papiers avaient été signés et tout était légalement correct. Ce qui pouvait le pousser, ce n'était même pas le privilège d'être enfant: «je ne mérite plus d'être appelé son enfant»! Ce qui le poussait, c'était sa foi dans le coeur bon de son père. «Je n'ai rien à perdre, se disait-il. Je sais que mon père traite bien ses serviteurs; je lui demanderai donc de me traiter ainsi».

Vous savez le reste. Le père fit une fête de ces retrouvailles. «Mon fils que voilà est retrouvé; il était mort et il est revenu à la vie»! Il lui fit mettre des sandales aux pieds et une bague au doigt pour montrer à tous, à travers ces signes, que cette personne était «son enfant».

Une affaire de coeur, les retrouvailles! C'est pour cela que c'est tellement délicat! Et pendant que le père retrouvait son fils, l'aîné de la famille, lui, commençait à mijoter les arguments de loi: «il a demandé son bien, il l'a eu; il n'a pas d'affaire à revenir aujourd'hui pour quémander une place dans la maison».

Qui va triompher: le coeur ou la loi? Le coeur du père, sans aucun doute. Mais on ne sait toujours pas quels genres de relations ont existé par après entre les deux frères. Peut-être ne se sont-ils pas encore retrouvés vraiment, aujourd'hui, et peut-être sont-ils membres de la communauté chrétienne où vous vivez. Une chose demeure certaine: aussi longtemps que le pardon ne trouve pas place entre deux personnes qu'une brisure a tenues séparées, il ne peut pas y avoir de véritables retrouvailles. Or aucune loi ne peut contraindre quelqu'un à pardonner. Voilà le point!

Mode d'emploi pour Dieu

Au bout d'une longue conversation avec une personne «ni chaude ni froide» face à Dieu, elle me dit: «de toute façon, quand j'arriverai de l'autre bord et qu'on me présentera Dieu, si je ne le reconnais pas, je dirai tout simplement qu'on ne m'a pas donné assez d'informations pertinentes sur lui, de ce côté-ci!»

Au bout du compte, cet homme qui ne demandait pas mieux que de croire en Dieu me disait: «le mode d'emploi que l'Église me donne pour découvrir Dieu, n'est pas assez clair, ou bien assez stimulant pour que j'essaie sérieusement de le trouver».

Certes, les expressions «informations pertinentes» et «mode d'emploi» font un peu utilitaires et scientifiques. Comme si la connaissance de Dieu et sa rencontre étaient consécutives de quatre ou cinq étapes programmées sur ordinateur. De plus, la tendance exprimée dans cette démarche est toute centrée sur le chemin qu'une personne humaine doit franchir pour arriver jusqu'à Dieu. Remarquons que dans cette attitude d'esprit, Dieu est caché et se laisse trouver au bout d'un certain temps. L'Église, elle, est dépositaire des «informations pertinentes».

Admettons que l'Église soit dépositaire d'un certain «mode d'emploi» pour rencontrer Dieu. Admettons également que les chrétiens n'apparaissent pas comme les plus grands experts vis-à-vis ce mode d'emploi. C'est Nietzche qui disait: «si les chrétiens avaient l'air un peu plus sauvés, je croirais en Dieu». C'est donc une grande responsabilité que de faillir à la mission de témoigner des «informations pertinentes» pour rencontrer Dieu, dans notre monde, aujourd'hui.

Cependant, le mode d'emploi n'est pas toujours utile. C'est une affirmation de notre foi que Dieu se fait proche de nous et tente de se faire reconnaître à nos yeux. En s'incarnant en Jésus-Christ, Dieu renverse les étapes du mode d'emploi: il se rend présent au coeur même de notre vie. Il ne se cache pas, il se manifeste.

À celui qui affirmait que la science donnait assez d'explications aujourd'hui pour tout expliquer et que nous n'avons plus besoin de Dieu, j'ai presque entendu Dieu dire: «mais qui a prétendu que j'étais une explication, ou un mode d'emploi?»

Besoin de foi

Il en était à son deuxième infarctus. Cette fois, il devait se rendre à l'Institut de Cardiologie pour une intervention chirurgicale délicate.

La veille de son opération, une infirmière est venue le rencontrer, lui a fait visionner un document magnétoscopique expliquant toutes les données de l'opération et s'est entretenue longuement avec lui pour vérifier son niveau d'inquiétude et l'aider, si possible, à diminuer son anxiété. Au bout de trois quart d'heure, notre patient coupe court, un peu fatigué de ce savant entretien: «Coudonc! s'exclama-t-il, c'est quoi le nom du médecin qui va m'opérer?» Presqu'aussitôt la réponse donnée, il renchérit: «Est-ce que c'est un bon médecin? Pensez-vous qu'il connaît tout cela et qu'il est capable de faire une bonne job?» Son oeil se posa prestement sur le visage de l'infirmière étonnée. Celle-ci répondit avec emphase que le chirurgien qui devait procéder à l'opération était un des meilleurs de l'Institut. «Bon! reprit le patient avec un soupir qui traduisait un grand calme, c'est tout ce que j'avais besoin de savoir».

En me racontant cet épisode de son hospitalisation qui s'est bien terminée, cet ami insistait pour dire qu'une fois sur la table d'opération, «dans les nuages» comme il dit, peu importait que tous «les morceaux de son corps soient bien étiquetés»; seule comptait la compétence du chirurgien auquel il s'abandonnait complètement: sa «bonté» était prioritaire. L'infirmière communiquait des éléments de science; elle oubliait de communiquer la foi. Et c'est ce que le patient recherchait avant tout.

Je trouve intéressante cette réaction de «besoin de foi». Savoir avec une conviction toute intérieure que dans un moment délicat, quelqu'un de «bon» et de «compétent» s'occupe de nous vaut mieux que de nombreuses explications scientifiques.

C'est le propre d'une vraie présentation de Dieu de nous dire sa «bonté» et sa préoccupation pour nous. Nous avons sans cesse besoin de savoir qu'il connaît son affaire et qu'il est capable de faire un bon job pour nous. Jésus nous le présente ainsi.

La prière jaillie de la foi

J'aime bien entendre raconter l'événement du «pont des chapelets» à Cap-de-la-Madeleine. Toutes ces personnes qui, de nuit, continuaient à transporter des pierres depuis Ste-Angèle sur le Rive-Sud jusqu'au quai de Cap-de-la-Madeleine, en conduisant leur traîneau tiré par de robustes chevaux, sur un étroit corridor de glace formé de bord en bord du fleuve Saint-Laurent. Toutes ces pieuses gens également qui formant balises le long de la route en tenant des torches allumées et qui ne cessaient de réciter leur chapelet, dirigées en cela par le prêtre Désilets.

La saison hivernale avait été chaude et les glaces n'avaient pas prises sur le fleuve comme à l'accoutumée. Et pourtant, il fallait que ce passage se formât pour permettre, à peu de frais, le charroiement des pierres qui devaient servir à l'édification de l'église Ste-Madeleine. C'est comme si Dieu se faisait tirer l'oreille: ne pouvait-il pas aider la nature à faire son oeuvre et donner satisfaction à toutes ces prières qui, inlassablement, montaient vers lui, demandant le succès de cette épopée?

Dieu a-t-il des oreilles à se faire tirer? Peu importe. Il n'en demeure pas moins que cette oeuvre de la construction d'une église dédiée à la Vierge Marie sur le site du sanctuaire Notre-Dame du Cap, en fut d'abord une de foi. Les meilleurs charretiers, les plus gros chevaux, les hommes les plus qualifiés et les plus forts, se retrouvaient complètement démunis à côté de cette petite troupe de «priants» qui disaient au Seigneur: «Si c'est ton oeuvre, nous sommes là pour y travailler; autrement, nous comprendrons». Et ils étaient tellement certains que leurs prières supportaient toute la démarche que dans un commun accord avec leur prêtre, jamais un seul Ave n'a cessé de monter le long du «pont de glace», en cette nuit-là, nuit de foi.

La prière n'a rien réalisé par elle-même. C'est la foi de ces personnes qui priaient et leur confiance au Seigneur, qui ont réalisé le pont des chapelets. Cette foi est le ciment de l'oeuvre qui continue de s'accomplir au sanctuaire, ces jours-ci.

Parleur ou faiseur de foi

Ils sont nombreux ceux qui s'adonnent à des petits travaux autour de leur maison. L'idée est d'entretenir le bien que l'on a, mais aussi de faire du neuf.

Un ami, bricoleur passionné, a préparé les plans de son foyer extérieur, l'après-midi du 25 décembre. Il avait reçu en cadeau l'encyclopédie du bricoleur en plus de certains plans très sophistiqués de «meubles de jardins». Depuis lors, le projet a germé. Toute la famille y a mis la main. Pendant plus de six mois, le foyer extérieur, gardé bien au chaud, a contribué à cimenter le foyer familial.

En y regardant de près, ce projet de «faire du neuf» porte en lui-même une vertu: il oblige à vivre davantage. Tout projet garde en vie, c'est bien connu. Mais il est important que ces projets débouchent sur des choses concrètes.

C'est la loi de l'incarnation. Donner corps à un projet, lui donner chair, pour ainsi dire, c'est manifester de son sérieux et de son importance. On dit de quelqu'un qui n'a que des projets en tête, sans jamais les appliquer, qu'il est un «gros parleur et un petit faiseur». À nos yeux, il ne fait pas très sérieux. Il est gentil, mais ne fait jamais rien de neuf. Il n'est pas porteur de vie.

À cause de l'incarnation, Dieu ne cesse d'être un faiseur de vie, un «faiseur de neuf». Bien sûr son projet avait germé depuis longtemps: ses plans avaient été faits et refaits. Mais, au bout du compte, Dieu s'est compromis et il a donné corps à son idée, il l'a faite chair.

Quiconque aujourd'hui veut réfléchir à l'action de Dieu dans sa vie doit tenir compte de la loi de l'incarnation: Dieu n'est pas qu'un simple parleur et un petit faiseur. Son projet, pour nous, finit toujours par trouver des points d'ancrage dans la matière de notre vie: Dieu donne du corps et de la chair à son attention pour nous. Cela prouve qu'il est sérieux et que si notre vie de relations avec lui est faite de projets, elle est aussi marquée de réalisations «incarnées».

Jésus était soucieux de cette loi de l'incarnation: «Si vous ne croyez pas ce que je dis, croyez au moins aux oeuvres que je fais». Ces oeuvres existent encore aujourd'hui par vous et par moi. Elles sont le critère pour mesurer si, dans notre foi, nous sommes des parleurs ou des faiseurs. Elles sont également les voix et les mains qui permettent à Dieu d'incarner son désir de «faire du neuf», sans cesse, au coeur du monde.

Le doigt de Marie

Est-ce objectivement que les statues de la Vierge Marie pleurent ou versent du sang et que les îcones de

Notre-Dame de la Porte suintent une huile odoriférante? Voilà matière à bulletin de nouvelles dans une société attirée par tout ce qui est merveilleux et spectaculaire.

Quand je me fais demander si je crois à «cela», je sens une sorte de pression inquisitrice qui veut vérifier si je suis un prêtre dans la foi ou bien dans la raison. Un peu comme au début du mouvement charismatique où on pouvait suggérer que le «baptême» dans l'Esprit était nécessaire et préalable à toute action chrétienne valable. Quand on me demandait si j'avais reçu l'Esprit, le sens de la question était de vérifier si un charisme merveilleux «hors de mon corps ou dans mon corps» — selon les propos de Saint-Paul — s'était manifesté en moi. On oubliait presque de rappeler que nous avions été baptisés, confirmés, que nous avions communié en Église au Corps du Christ et que, personnellement, j'avais été ordonné prêtre par l'imposition des mains d'un Évêque.

Mon propos n'est pas d'affirmer ou d'infirmer la réalité des événements qui se passeraient, liés avec des statues ou des îcones de la Vierge. Je veux plutôt poser la question: «et puis après»? Qu'est-ce que cela change ou provoque dans ma vie? S'il y a une intervention miraculeuse de Dieu dans ces lieux qui attirent maintenant nombre de priants et curieux, quel en est le message pour moi?

Si la conséquence de ces «manifestations» est de me dire que Dieu peut faire de grandes choses, j'avouerai qu'il est bon de me le rappeler et de me resituer vis-à-vis le salut accompli en Jésus-Christ par sa mort/résurrection. Si la conséquence est de me poser la question sur le sens de ma vie, sur ma fidélité à l'Évangile, sur ma «pratique des béatitudes», sur ma prière, je dirai que c'est très positif et que Dieu, comme un Père, manifeste beaucoup d'attention pour nous en nous donnant de tels signes gratuits de son amour.

Il y a un proverbe qui rappelle que lorsqu'un doigt est pointé vers un objectif, c'est l'objectif et non le doigt qu'il faut regarder. Ainsi en est-il de ces manifestations que l'Église doit vérifier avec prudence. Sont-ils un doigt tendu vers une orientation, vers un objectif ou ne sont-ils que doigt en l'air?

En conclusion, disons que si ce «doigt» vient de Dieu, il portera des fruits de conversion: charité, prière, ouverture aux autres, conversion. Dans le cas contraire, il demeurera «doigt en l'air», spectaculaire, inquiétant, replié sur lui-même.

Halley et les mages

L'astronome Halley avait remarqué qu'une étoile n'était vraiment pas comme les autres. Après de minutieuses observations, en calculant le mouvement céleste de cette masse brillante qui produisait une longue traînée de lumière, il fit l'hypothèse que cette comète possédait une «personnalité» très précise qui la faisait se déplacer dans le système sidéral en produisant une forme ovale et qui revient dans le pourtour de la terre tous les soixante-seize ans.

Monsieur Halley avait raison. Depuis sa découverte, la comète fut baptisée de son nom. Aujourd'hui, elle suscite l'admiration et la curiosité de millions d'observateurs sur son passage. Cette étoile n'est plus comme les autres: elle est connue, elle a dévoilé son mystère, elle est apprivoisée.

Il en fut ainsi pour le spécialiste Halley et tous les scientifiques qui le suivirent: personne n'avait plus l'idée d'affirmer que cette comète n'était qu'une étoile parmi les autres.

En transposant cela sur le plan de la foi et de la découverte, selon la Bible, ce que firent les Mages venus d'Orient de l'étoile de Bethléem, il est tout à fait approprié de dire que cette étoile a révélé sa «personnalité», qu'elle a été apprivoisée et que plus personne de sérieux n'aurait l'idée de dire que cette «lumière divine» n'est qu'une lumière parmi les autres. Monsieur Halley laissa son nom à sa comète; les Mages, eux, reconnurent le nom que les Livres inspirés avaient prédit: *Emmanuel,* c'est-à-dire «Dieu-avec-nous».

Tous les chercheurs d'étoiles, aujourd'hui, reconnaissent l'apport de leurs prédécesseurs scientifiques et ils poussent plus loin leurs connaissances de ce monde mystérieux. Tous les chercheurs de Dieu savent également compter avec les découvertes de leurs devanciers dans la foi. La personnalité «lumineuse» qui s'est manifestée aux premiers croyants que furent les bergers et les mages, a changé le cours de nos connaissances sur Dieu et de notre relation avec Lui.

L'étoile de Bethléem, le Christ, n'est pas une étoile parmi d'autres. Sur le chemin de foi qui est le nôtre, sa présence nous fait découvrir notre propre personnalité. À cause de Noël, nos yeux ne sont plus tournés vers le ciel scrutant vaguement l'infini, inquiets et craintifs. Désormais, nous savons! L'étoile dans le ciel n'est plus importante; c'est ce qu'elle révèle qui importe.

Pour faire vacances: relâcher l'élastique

Seigneur, permets que les lignes qui vont suivre te soient prière.

Certes, je voudrais faire «vacances» en moi pour me reposer auprès de toi. N'as-tu pas dit: «car en moi vous trouverez le repos!» Cependant, j'ai de la difficulté à faire ce silence qui me serait tellement bénéfique. Alors, viens, Seigneur, recueillir l'élan de ma parole qui monte vers toi et même si, trop rempli du bruit qui m'entoure, je parle plus de moi que de toi, fais la paix dans mon coeur.

C'est un temps de gratuité que celui des vacances. Comme ces deux mots sont lourds à prononcer. La gratuité est devenue un exercice peu commun à notre époque. Tout se calcule. Tout se mesure. Tout se paie. Il y a même des sessions qui nous apprennent à devenir plus spontané, plus gratuit. Alors, Seigneur, quand le temps des vacances approche, ces vacances où la nature se met en beauté pour nous inviter à la gratuité du regard et à la détente du corps, c'est comme si nous ne savions pas faire vacances en nous. Parfois, il fait trop chaud; ou bien, il pleut tout le temps; ou bien les soirées sont trop fraîches; ou bien, il y a trop de «bibittes». Tu vois, Seigneur, notre gratuité est difficile à contenter.

C'est également un temps de répit que celui des vacances. Répit entre deux temps forts. Comme un élastique tenu toujours tendu et que l'on relâche pour un instant. Oh! que cela fait du bien. Mais ce n'est pas tout le monde qui sait relâcher l'élastique. Certaines personnes ont complètement oublié la recette. D'autres ont peur de demeurer figées, à l'état de repos. Quelques-uns prétendent que les élastiques doivent toujours demeurer «tendus», sinon... eh bien, leurs illusions disparaîtraient sans doute. Enfin, Seigneur, il y a toutes ces personnes qui ne peuvent faire «vacances» en elles, parce que leur élastique est tenu étiré par les autres. Comme les deux bras qui sont tendus en croix. Pour eux, Seigneur, la nature a beau se pomponner, le temps des vacances n'est jamais un repos.

Tu sais, Seigneur, plus je parle de «faire vacances

en moi» et plus je te fais de la place. Comme si je te confiais mon élastique. Je crois que c'est un bon exercice pour «faire vacances».

Foi, amour et résurrection

C'est clair que le printemps nous change. Depuis qu'il est là, nous ne sommes plus tout à fait les mêmes. Oh! Nous sommes toujours très reconnaissables, mais quelque chose a changé en nous et dans notre monde.

C'est la même chose quand quelqu'un «tombe en amour». Il est changé. Ses proches lui feront remarquer qu'il (qu'elle) ne parle plus de la même façon, que ses discours ont changé, sa manière de s'habiller aussi. Encore là, il nous est toujours possible de savoir à qui nous avons affaire, mais le changement est très apparent.

Un changement important s'opère également dans une vie où naît et se développe la foi. Le sens de l'existence se transforme; la manière même d'entrer en relation avec les autres n'est plus tout à fait la même.

Ces changements modifient la personne, la transforment mais ne la défont pas. À plusieurs égards, ils l'épanouissent. Il en est de même, mais à un degré éminemment plus grand, de la transformation qui s'effectue dans une vie, lors de la résurrection. Tout de la personne est transformé; rien, cependant, ne la déforme et elle est tout à fait reconnaissable comme dans un épanouissement de tout ce qu'elle a été.

Quand Jésus se présente à ses disciples, il s'emploie à leur manifester qu'il est bien reconnaissable et ses amis, ses disciples peuvent facilement vérifier que c'est bien lui. Son corps glorifié a conservé les mêmes traits de personnalité. Jésus a conservé l'habitude de partager l'écriture et d'ouvrir l'intelligence de ses dis-

27

ciples à la compréhension de tout ce qui le concerne; il a toujours le même geste lorsqu'il rompt le pain. Mais, ce qui est encore plus fort, Jésus ressuscité a conservé la marque des plaies dans son côté et dans ses mains. Marques qui ne sont plus des traces de souffrance mais des signes de gloire, des marques qui, à elles seules, résument tout de sa vie: il est celui qui est mort sur la croix en donnant sa vie pour ceux qu'il aime.

Le corps ressuscité de Jésus n'est plus lié aux limites de temps et d'espace. Ainsi, Jésus est-il présent au milieu de ses disciples pour les réconforter, leur être attentif, être présent d'une façon spéciale à chacun.

Jésus est reconnaissable, il est toujours le même, mais il est totalement différent. Et nous qui croyons à la résurrection de Jésus, nous prenons conscience que notre corps et notre monde ne sont pas que «vague véhicule pour un esprit qui se réincarnerait»: ils sont porteurs de «vie éternelle» et aspirent déjà à la gloire de la résurrection.

Thomas confronté

Jésus voulait-il prendre Thomas en défaut? Voulait-il le confronter devant tous ses amis et lui montrer à quel point il a la tête dure, «lui qui ne veut pas croire sans voir»?

Nous connaissons bien l'épisode que nous rapportent les Évangiles; l'apôtre Thomas nous est devenu sympathique en ce que ses hésitations à croire ressemblent à beaucoup de nos questions sur notre foi. «Si je ne mets pas mes mains dans son côté, non, je ne croirai pas» devient presque le slogan des incrédules, depuis Thomas jusqu'à nos jours. Mais pourquoi Jésus est-il revenu au devant de lui?

Lorsque Jésus se présente, huit jours plus tard, au

milieu de ses disciples, Thomas étant présent, il semble que ses premiers gestes et ses premières paroles furent à l'endroit de Thomas. Jésus savait manifestement les doutes que Thomas avait élevés quant à la résurrection du maître et il était préoccupé par cette lenteur à croire. Par ailleurs, Jésus avait manifesté une telle préoccupation auprès des disciples d'Emmaüs, en prenant le temps de faire route avec eux et de leur expliquer tout ce qui le concernait dans l'Écriture et comment il devait mourir et ressusciter. Mais cette préoccupation vis-à-vis chacun de ses disciples se manifeste d'une façon étonnante vis-à-vis Thomas; Jésus se fait tout prévenant et fait une démarche spéciale pour aller rencontrer le doute de Thomas. Pourquoi?

Jésus sait que Thomas a besoin d'une attention plus grande parce que, peut-être, il a la tête un peu plus dure et son orgueil est un peu plus grand; c'est une démarche de grande bonté. Jésus s'est toujours préoccupé des plus faibles; il a toujours montré plus de sollicitude pour la «brebis» qui avait le plus de difficulté à suivre les autres. Et quand Jésus conclut: «Heureux ceux qui ont cru sans avoir vu», il ne veut pas tant vanter le mérite de ceux qui croiraient sans voir, mais plutôt attirer notre attention sur la difficulté qu'ont à accueillir la foi, tous ceux dont le coeur est lourd d'orgueil, de suffisance et qui s'enferment dans l'obligation de devoir toucher pour croire.

Thomas a dû laisser tomber sa carapace. Il a accueilli la foi. Certes, il a touché du doigt. Mais combien d'entre nous ont la possibilité de presque toucher le Christ qui se fait si proche, et que nous n'accueillons pas la foi? Thomas est à nouveau confronté, aujourd'hui.

L'Évangile nous le dit bien: «Jésus est revenu visiter ses disciples une deuxième fois, parce que Thomas n'était pas là.

La croix n'exécute plus

Avez-vous déjà réfléchi au fait que la croix qui a servi d'instrument de torture pour Jésus-Christ et qui était le symbole de la violence humaine est devenue pour plus de la moitié de l'humanité le symbole par excellence du salut? Autrement dit, avec la façon de voir que Dieu nous a donnée dans la résurrection de Jésus, nous comprenons que le lieu même de la plus grande souffrance humaine et de la plus grande faiblesse, s'est changé en lieu de force, d'espérance et de gloire.

À venir jusque-là, la croix demeurait un élément de justice, sinon de vengeance et de haine. Quiconque avait commis un délit et était condamné à expier pour ses fautes, risquait de passer par la croix. C'était normal. La croix était le suprême moment d'expiation où le pêcheur payait et la société, «justifiait». En elle-même, la croix ne portait aucun sentiment: elle exécutait. Elle n'avait pas d'âme. Elle faisait peur.

Mais tout cela a changé. Plus personne, aujourd'hui, ne regarde la croix avec le sentiment de peur. S'il y a de la peur, c'est celle de la souffrance à laquelle la croix s'associe, mais non plus celle qu'elle provoque. La croix ne fait plus mal, elle ne fait plus mourir. Au contraire, elle fait vivre et elle est source d'espérance.

Y a-t-il dans l'histoire humaine un autre exemple d'un revirement aussi spectaculaire? Je ne le crois pas. Comment alors expliquer ce revirement si prodigieux?

Alors qu'en ce Vendredi Saint, la croix était dressée pour accueillir un autre couple que la justice humaine avait condamné, voici qu'un juste, «le seul juste» accepta de s'y laisser crucifier, sans même condamner ses accusateurs, leur pardonnant «car ils ne savent pas ce qu'ils font». Jusque-là, la croix déteignait sur le cadavre des prisonniers: c'étaient des crucifiés, des bandits; mais, à partir de ce juste, il n'était plus possible de parler ainsi. «Pour nous, c'est juste, dit un prisonnier à ses côtés, mais Lui, il n'a rien fait.»

Le silence de Jésus sur la croix, son refus de haïr, sa volonté suprême d'aimer et de pardonner, son espérance qu'enfin nous comprendrions qui il est et le sens de sa vie, provoquèrent l'éclatement de la vérité dans la bouche d'un garde: «vraiment, cet homme est le Fils de Dieu».

L'empreinte du corps de Jésus, corps blessé, bafoué et souffrant, s'est incrustée dans la croix. Et avec elle, cette question: «Comment est-il possible d'aimer autant? «Depuis, chaque fois que quelqu'un regarde la croix, il y retrouve les empreintes de cette souffrance certes, mais aussi d'un immense amour et la foi que le Vendredi Saint conduit au dimanche de Pâques.

«Donnez-moi un point d'appui...»

L'expérience était simple. Il y avait trois planchettes appuyées sur un triangle. Trois globes terrestres reposaient au bout de chacune des planchettes. Il s'agissait de soulever l'univers.

Deux jeunes s'y affairaient depuis un petit moment. C'était le même type de globe terrestre, apparemment de même pesanteur, mais l'effort nécessité pour soulever chacun n'était pas semblable. Le «hic», c'était le point d'appui. Et les jeunes s'en rendirent compte. Un étonnement intrigué demeurait toutefois sur leur visage: «comment expliquer cela»?

Archimède l'avait compris, lui qui avait dit: «donnez-moi un point d'appui et je soulèverai l'univers». Cependant, nous ne sommes pas tous des Archimède; certains ont besoin de travailler plus fort pour comprendre. C'est ce que faisaient mes deux jeunes amis; ils travaillaient fort leurs méninges.

Dans le domaine de la foi, c'est un peu la même chose. Certaines questions nous accaparent et nous obligent à pousser plus loin notre raisonnement. Nous avons besoin d'une réponse. Pourtant, la foi n'est pas l'aboutissement d'un raisonnement scientifique. Certains grands penseurs semblent pouvoir discourir des heures de temps sur la foi, apporter des réponses très convaincantes et, pourtant, constater en bout de route, qu'ils n'ont pas la foi.

Quel est donc le point d'appui de la foi? Comment expliquer qu'on en ait tous les ingrédients, mais qu'il n'y ait rien qui fonctionne, que notre foi ne soulève rien?

La foi trouve son point d'appui, non pas dans un raisonnement, mais dans une confiance. Or, cette confiance ne se marchande pas, ne se commande pas. Elle est donnée et elle s'accueille. Elle est relation entre deux personnes.

C'est pourquoi, en matière de foi, il n'y a pas de distinction d'intelligence ou de prestige social: nous sommes tous égaux. S'il y a une différence, c'est celle qui permet aux «petits et aux pauvres» d'entrer plus spontanément dans la zone de confiance liée à la foi.

Lorsque ce point d'appui existe, tout est possible, même de «soulever des montagnes». Hors de là, tout devient difficile, voire impossible. À chacun d'ajuster son point d'appui.

La confiance de Fulgence

Voici une histoire «semi-vraie» qui nous parle de la confiance que l'on peut avoir en Dieu.

Le village était inondé. L'état d'urgence était décrété. Rien ne pouvait plus empêcher la rivière de déborder et d'engloutir tout sur son passage. Un dernier membre de l'équipe de sauvetage s'affairait à faire se hâter les retardataires. Arrivé à la maison de Fulgence, il cria: «Ne perdez pas de temps, sauvez-vous, il n'y a plus rien à faire!» Fulgence répondit: «Non, je ne pars pas d'ici. Il y a quelqu'un en haut qui veille sur moi; je lui fais confiance et je reste».

Fulgence demeura rivé à sa maison. L'eau continua de monter. Son niveau atteignit le deuxième étage de la maison où s'était maintenant réfugié Fulgence. Un canot moteur s'approcha. Un capitaine de police enjoignit Fulgence de le rejoindre pendant qu'il en était encore temps. Mais Fulgence refusa catégoriquement: «Il y a quelqu'un en haut qui veille sur moi: je ne pars pas d'ici».

Tout allait de mal en pis. Fulgence était monté sur le toit de sa maison. Le vent soufflait violemment. La fin était proche. Soudain, un hélicoptère de l'armée s'approcha. De façon pressante, on supplia Fulgence de s'accrocher à la chaise de secours qu'on laissait pendre depuis l'hélicoptère. Mais la même réponse surgit: «Je ne pars pas d'ici; il y a quelqu'un en haut qui veille sur moi, j'ai confiance en lui et je reste».

Comme vous vous en doutez un peu, Fulgence se noya et comparut devant le Père Éternel. Sa confiance demeurait invincible.

Enfin, il apprendrait pourquoi il n'avait pas été sauvé miraculeusement, lui et tous ses biens. Ce fut d'ailleurs la première question qu'il adressa au Père Éternel. «Mais, mon bon Fulgence, le dernier membre de l'équipe de secours qui te pressa de quitter la maison, qui penses-tu que c'était? et le conducteur du canot? et le capitaine de l'armée qui descendit jusqu'à toi en hélicoptère? Oui, Fulgence c'était moi! Et tu ne me reconnaissais pas».

Fulgence demeura silencieux. Il avait beaucoup de confiance en Dieu. Mais il avait perdu de vue ce Dieu tout proche de lui.

Dieu est partout ou en ghetto

Jésus disait à la foule: «Le Royaume des cieux est comparable à un trésor caché dans un champ»; l'homme qui l'a découvert le cache de nouveau. Dans sa joie, il va vendre tout ce qu'il possède et il achète le champ. Ou encore: «Le Royaume des cieux est comparable à un négociant qui recherche des perles fines. Ayant trouvé une perle de grande valeur, il va vendre tout ce qu'il possède, et il achète la perle».

Deux petites paraboles pour nous indiquer quel trésor représente la foi dans notre vie; quelle richesse constitue la présence de Dieu.

D'un côté, pourrait-on dire, l'ambiance religieuse de notre éducation nous masque la réelle importance de cette présence de Dieu. Habitués à voir du «bon Dieu» partout et pour tout, nous en finissons par ne plus le voir nulle part. Dieu est devenu pour plusieurs une sorte d'air que l'on respire: il est là, vaguement, sans que nous en prenions conscience. Ce n'est qu'après un vide et une sécheresse morale que nous comprenons que Dieu est vraiment quelqu'un de précis, dont la présence devient nécessaire.

D'un autre côté, le phénomène de sécularisation nous a habitués à découvrir des courants de religion tel le charismatisme, qui, si l'on n'y prête pas garde, nous ferait situer Dieu dans une partie bien précise de la vie, en dehors des affaires courantes de la vie quotidienne: «j'ai ma messe le dimanche, ma soirée de prière et je suis correct pour la semaine»! Dieu devient un marchand au comptoir du grand centre d'achats de la vie.

Découvrir Dieu au coeur de notre existence humaine, ce n'est pas de le voir partout et nulle part, ni de le faire vivre en ghetto.

Le chrétien qui s'attache à Dieu continuera à vivre sa vie de tous les jours, à assumer ses responsabilités quotidiennes, à se débattre avec ses défauts. Mais il est habité par une passion qui, d'une certaine manière, en fait une personne transformée: il a trouvé sa raison de vivre.

Découvrir Dieu dans sa vie ne fait pas fuir le monde. Au contraire, la présence de Dieu illumine tout de la création et tout de la vie humaine.

Ce que plusieurs expérimentent dans la découverte du Royaume de Dieu dans leur vie, c'est qu'en s'approchant de Dieu, on s'approche de soi-même. Vivre avec Dieu, ce n'est pas projeter une lampe sur Dieu pour mieux le voir, c'est accueillir la lumière de Dieu dans sa vie personnelle pour mieux la voir.

Technique du bonheur

Le dimanche à treize heures, sur les ondes de Radio-Canada, il y a une émission qui parle du bonheur. Plus de 2 000 personnes, de par le monde entier, ont été interviewées. Chacune apporte sa réflexion et sa conviction sur le bonheur.

J'ai été étonné d'entendre l'animateur partager sa découverte. À son avis, le peuple chinois était celui qui souriait le plus, et que, somme toute, d'autres nations beaucoup plus riches et jouissant d'une liberté certaine, présentaient un visage enclin à la morosité.

Le bonheur est lié à une détermination et à une décision personnelles. Il y a des ingrédients bien sûr qui aident au bonheur: la santé, la sécurité, l'affection, etc. Pourtant, le bonheur n'est redevable «automatiquement» à aucune de ces valeurs. Il y a des gens heureux, semble-t-il, malgré la pauvreté ou la maladie. C'est l'équilibre entre le coeur et la raison, entre l'émotion et l'action qui prime.

Des gens seront malheureux car ils vivent toujours dans leurs désirs, sans jamais se rendre compte de leurs petites richesses, autour d'eux, aujourd'hui. D'autres seront heureux, acceptant certains handicaps, capables cependant de dépassement et d'émerveillement.

Aucune dépendance n'est jamais vraiment porteuse de bonheur. Toute relation interpersonnelle, y compris la relation d'amour entre un homme et une femme, doit appeler à la liberté individuelle pour devenir épanouissante et heureuse. S'il y a dépendance dans l'amour, c'est celle qui appelle constamment l'autre à vivre davantage la responsabilité de sa liberté. Hors cela, le bonheur n'est pas possible.

La foi, enfin, m'apparaît être un ingrédient puissant au bonheur. La foi est sens de Dieu et des autres ainsi que le sens de la vie. Dans la foi, il y a cette même relation interpersonnelle, amoureuse, qui stimule à faire l'harmonie entre le coeur, la volonté et l'action. Je considère le commandement: «aimer son prochain comme soi-même, dans l'amour de Dieu», comme étant la seule sagesse durable et véritable qui soit source de bonheur. En cela, comme en toute chose importante, il y a un apprentissage, un apprivoisement: rien n'est automatique. Faut-il le dire, il n'y a pas de technique du bonheur.

La foi en brouette

C'était un grand artiste. Du moins, sa réputation le disait tel. Il s'était amené tout simplement, de bon matin, et avait tendu un fil de fer au-dessus des chutes. Consciencieusement, minutieusement, patiemment. La foule s'était peu à peu amassée. À midi, le spectacle pouvait commencer.

«Pensez-vous que je peux franchir ces chutes, en marchant sur ce fil de fer?», demanda l'équilibriste à quelques spectateurs. Les réponses étaient variées. «Bien, nous ne t'avons jamais vu faire, peut-être es-tu capable; peut-être pas!» Pour d'autres, c'était clair: «Oh oui, tu le peux. Il paraît que tu es extraordinaire.»

Sur ces avis partagés, l'équilibriste entreprit de traverser les chutes dangereuses, seul sur son fil de fer. Il y alla promptement, avec grand succès. Les applaudissements l'accueillirent. Il prit alors une grande perche de bois. Il redemanda: «Pensez-vous que je peux traverser ces chutes avec cette perche?» Encore une fois les réponses étaient variées. «Bien, cette perche peut t'aider certainement, j'en ai vu d'autres utiliser de tels instruments pour se donner plus d'équilibre». «Oui, mais, cette perche peut aussi t'attirer dans le trou!»

Encore une fois, le funambule entreprit sa route. Il y mit un peu plus de difficulté. Comme si la perche alourdissait sa démarche. Cependant, le succès couronna ses efforts. Les cris d'admiration et de joie le montrèrent bien.

Il s'empoigna alors d'une brouette qui était à proximité et qui avait servi à transporter son matériel. Il demanda, fixant certains spectateurs dans les yeux: «Pensez-vous que je peux traverser sur ce fil de fer, avec cette brouette en main?» La surprise et l'étonnement se lisaient sur le visage de chacun. «Ouais, là, tu exagères!... «C'est sûr que ça ne se fait pas!» «Ce serait une première mondiale; peut-être y arriveras-tu!» Jusqu'au moment où une voix dit: «Moi, je suis certain que tu peux le faire. Après ce que tu as fait, tu réussiras». Regardant cette personne bien fixement, le funambule lui fit répéter sa conviction: «Vous êtes convaincu et certain, n'est-ce pas?» «Oui, très sûr». «Alors, de répliquer l'équilibriste, embarquez dans la brouette».

Je me souviens de cette histoire racontée par un confrère, lorsque je pense aux risques que nous demande de courir, parfois, notre foi.

Audace de résurrection

Si Jésus n'avait pas eu l'audace du don total de sa vie pour ceux qu'il aime, il n'aurait pas connu le matin de Pâques... et nous non plus. La résurrection prend racine sur ce «don de la vie», sur cette mort.

À chaque fois que nous avons l'audace de vivre un pardon qui est, en fait, une mort à soi-même, un don de notre vie, nous expérimentons la puissance de la résurrection. Radicalement, des vies sont transformées à cause du pardon.

Chaque fois que nous vivons l'audace des béatitudes: «heureux les coeurs purs, les miséricordieux, les doux, les artisans de la paix», ces béatitudes qui sont autant de morts à soi-même et de don de notre vie par amour, nous expérimentons la puissance de la résurrection. Pourtant, nous avons peur de vivre l'audace des béatitudes, inquiets de paraître «quétaines» dans un monde qui affirme la loi du plus fort et la nécessité du succès à tout prix. Ce n'est jamais bien drôle d'accepter de mourir.

Enfin, chaque fois que nous avons l'audace de faire confiance à la Parole de Dieu et à Sa volonté, nous expérimentons encore la puissance de la résurrection. Jésus lui-même dit: «Père, non pas ce que je veux, mais ce que tu veux». Nous avons de la peine à

vivre cette audace parce que nous refusons orgueilleusement de mourir à notre propre liberté et d'orienter
notre vie sur Dieu et pour Dieu. Pourtant, c'est le seul
chemin, le seul passage vers la résurrection: «celui qui
veut venir à ma suite, qu'il se renonce lui-même, qu'il
prenne sa croix et qu'il me suive».

Marcher à la suite du Christ, c'est découvrir
cela... qu'il y a un passage entre le Vendredi saint et le
matin de Pâques: celui du don de sa vie. Or le Christ a
ouvert définitivement ce passage. Il nous entraîne à sa
suite dans sa Résurrection.

Il ne faut donc pas avoir honte de nos détresses et
de nos désespérances. Elles deviennent les instruments
mêmes de nos dépassements et de nos «recommencements de vie». Le Christ ne vient pas enlever la
souffrance et les croix de notre vie, mais il vient briser
les tombeaux qui pourraient nous faire croire que
nous y sommes enfermés.

Le lot d'amour

Pourquoi Jésus-Christ a-t-il souffert la Passion?
Pourquoi est-il mort sur une croix, bafoué, rejeté,
seul? C'est toujours la grande question. N'aurait-il pas
pu sauver le monde autrement, d'un revers de la
main?

Eh bien non! Dieu qui est amour et qui a créé un
homme libre, ne peut pas sauver l'homme malgré lui,
en lui imposant un salut. Accepter de donner la liberté
à quelqu'un, c'est accepter d'être même rejeté par lui.
Dieu s'est livré lui-même à la liberté de l'homme. Et
l'homme dans sa liberté a décidé de le refuser, de le rejeter.

C'est un lot d'amour. Et personne dans sa vie
concrète de parents, d'éducateurs, d'engagés au ser-

vice des autres, ne peut nier cette vérité fondamentale que «pour vivre, il faut accepter de mourir».

Un père ou une mère de famille expérimente chaque jour que l'amour, c'est mourir à soi, c'est se donner pour ses enfants. Une dame me disait dernièrement: «C'est ingrat des enfants; ça vous arracherait le coeur!» Et elle ajoutait: «Mais si vous saviez comme je les aime!» C'est dans le don de soi que se mesure le véritable amour.

Vouloir expliquer le vendredi saint ou bien le dimanche de Pâques, c'est peine perdue. Pas possible non plus d'expliquer pourquoi, encore aujourd'hui, des parents acceptent de mourir à eux-mêmes pour que leurs enfants vivent et pourquoi des hommes et des femmes consacrent leur vie au service des autres.

Cette folie de l'amour dépasse les raisonnements. Parce que c'est bien d'une folie qu'il est question. Folie que d'aucuns acceptent de vivre alors que tout de notre mentalité «moderne» y répugne.

Pourtant, cette folie est la seule qui rende profondément heureux. Elle dessille les yeux pour voir clairement où se trouve la vérité des personnes et des choses; elle dilate les coeurs pour comprendre simplement que le chemin du pardon et du don est plus grand que celui de la haine et de l'égoïsme.

Qu'on appelle cela sagesse, philosophie, bon sens ou foi, peu importe. Une chose est certaine: quiconque s'arrête un moment pour regarder du côté du tombeau, au matin de Pâques, découvre qu'à cause de Jésus-Christ «la mort a un goût de résurrection».

Donner sans s'appauvrir

Jésus-Christ a donné à manger à une foule de près de cinq millions de personnes et, pourtant, il ne disposait que de cinq pains et deux poissons. Jésus-Christ a parlé à des milliards d'hommes et de femmes depuis 2 000 ans, dans tous les coins du monde, et, pourtant, il a vécupas plus de trente-trois ans, dans un coin de Palestine, à une époque bien précise de notre ère.

«Jésus-Christ est ressuscité! Il est vivant», s'est écriée Marie-Madeleine, au matin de Pâques, en rencontrant les disciples de Jésus, pour qui «le bateau avait coulé, vendredi dernier». «Il est vivant!»; donc, il y a encore de l'espoir; donc, ce que nous avons cru est encore vrai. «Il est vivant!« Donc, c'est une confirmation que ce que Jésus nous a promis se réalise. «Il est vivant«; donc, nous pouvons à notre tour vivre sa résurrection.

Si le Christ n'était pas ressuscité, nous serions obligés de reconnaître que notre horizon d'espérance est bien petit. Dans un moment bien difficile, dans un coup dur, il ne nous serait pas possible de lutter avec détermination: la limite du possible et de l'impossible serait un mur infranchissable en face de nous. Il ne nous serait pas possible, non plus, d'accepter que nous sommes vraiment libres, tellement nous serions conditionnés par les déterminismes de toutes sortes (horoscopes, occultisme, etc.). Or, parce que le Christ est ressuscité, les déterminismes et même la mort ne sont plus des occasions d'asservir la personne humaine. Le Christ a créé, au coeur de l'homme, la racine suprême de la liberté qui délivre — au sens fort d'enlever les liens.

Un chrétien qui vit de la résurrection est un chrétien qui expérimente dans sa vie cette action créatrice, toujours renouvelée. Donner son amitié à quelqu'un, par exemple, ce n'est pas s'appauvrir soi-même, c'est plutôt se grandir en même temps que l'on grandit l'autre. Une action de résurrection est de cet ordre: un peu comme l'a fait Jésus en donnant à manger, sans pour autant manquer de quoi que ce soit.

La proximité de la semaine sainte nous donne à regarder de près comment les plus grands dépouillements, les plus grands abandons ne sont pas toujours synonymes d'appauvrissement.

Sa maison vit encore

Qu'est-ce qui reste au bout de nos efforts? Qu'est-ce qui demeure au bout de notre vie?

Depuis un bon moment, l'album de photos livrait ses richesses. De véritables trésors qui étaient conservés là, soigneusement, avec affection. Chacune de ces photos s'enrichissait du poids des ans. Même le flou de certains clichés ajoutait à la qualité d'authenticité, à la qualité de vérité.

La personne qui me faisait faire la visite de tous ses trésors n'en finissait pas de s'illuminer à chaque fois qu'elle tournait la page de l'album. Comme si toute sa vie s'agrandissait au nombre des événements et des personnes figés sur la pellicule.

À un moment donné, en plein coeur d'une page, une seule photo: une maison, simple et coquette. «Tenez, regardez: ça, c'est ma maison. C'est moi qui l'ai construite avec mes gars. Cette photo-là date d'il y a quarante ans.» La fierté pointait dans l'oeil. C'était à coup sûr un des chefs-d'oeuvre de sa vie. Pendant longtemps lui et son épouse en avaient rêvé. Ils avaient durement travaillé pour amasser l'argent nécessaire. Les garçons, quoique jeunes, avaient donné un «verreu» bon coup de main.

Puis, je posai une question que je n'aurais pas dû me permettre: «Sur quelle rue avez-vous construit cette maison? J'aimerais cela aller voir où vous avez vécu».

L'homme baissa la tête. Ses mains refermèrent l'album. Laissant couler une larme, il tendit une photo qu'il sortit, sans regarder, de la dernière page de l'album. Un paquet d'arbustes rabougris, entourant ce que je devinai être un pilier bétonné supportant une travée d'autoroute, apparaissait sur la photo. Une pesanteur d'émotion régnait dans la chambre.

«C'est ce qui reste de tous vos efforts?» demandai-je. Là, je reçus une bonne leçon de courage et de foi. «Comment»? dit l'homme en se redressant, «Tout ce qui me reste!». Il n'y a pas une autoroute au monde, monsieur, qui va m'enlever ma maison». Ses quelques quatre-vingt ans ne réprimaient plus son énergie. Il continua: «C'te maison-là, monsieur, je l'ai là, dans le coeur», accompagnant la parole au geste. Et s'il y a un Bon Dieu qui existe, Lui, il sait ce que je veux dire».

J'étais d'accord avec lui. L'oeuvre d'une vie ne peut pas mourir. Surtout celle faite avec amour, fierté, courage. Je crois que Dieu doit avoir une copie de la photo... juste au cas...

Père ou Bon Dieu

À l'occasion d'une interview avec l'artiste Jean Lapointe, j'ai eu l'occasion de l'amener à parler de sa foi en Dieu. Au bout d'une dizaine de minutes, je me suis rendu compte que Jean employait de façon régulière l'expression «le bon Dieu» et je lui ai demandé pourquoi. Sa réponse a été d'une brièveté et d'une clarté désarmantes: «C'est parce que c'est ça... c'est «le bon Dieu».»

Alors que nous nous perdons souvent dans des discours sans fin et des réflexions savantes sur Dieu, réflexions qui ont la prétention de «comprendre

Dieu», cet homme, marqué dans sa vie par des expériences de découragement et de noirceur dûes à l'alcool, nous révèle simplement la grâce qui l'habite: «je connais Dieu et c'est «le bon Dieu».»

Et pour monsieur Lapointe, il n'y avait presque rien d'autre à dire. Un nom jailli d'une expérience personnelle, un nom rempli d'affection, un nom devenu pour lui «clair comme de l'eau de roche» et qui ne souffre pas d'être expliqué au risque de perdre sa saveur. Car, des noms qui portent le fruit d'une relation amoureuse entre deux personnes, ça ne s'explique pas.

Or, c'est bien d'une histoire d'amour qu'il s'agit entre Jean Lapointe et le bon Dieu. Il nous en parle avec ce ton de vérité dans la voix qui ne ment pas. Cette vérité que la souffrance a éprouvée et grandie. Il nous apprend que dans une cure de désintoxication, alors qu'il croyait avoir tout perdu, il a remis sa vie au «bon Dieu» et lui a demandé de prendre les choses en main. «Quelques instants après, nous dit Jean Lapointe, j'ai eu un signe que le bon Dieu m'avait entendu. Je suis sorti dehors et j'ai retrouvé l'odorat; je sentais l'air frais une fois encore». Et ce fut pour lui le petit geste qui suffisait pour lui redonner le courage et l'espérance. Le petit geste du bon Dieu qui ne l'avait jamais oublié et qui était encore-là.

Ces quelques mots suffisent, je crois, pour nous faire comprendre comment se tissent des liens avec Dieu. Que ce soit pour Jean Lapointe, comme pour chacun de nous, c'est à travers la simplicité de petits mots et de petits gestes que nous arrivons à «voir» Dieu. D'ailleurs, ce n'est pas par d'autres moyens que Jésus a révélé Dieu: «Nul ne connaît le Père, si ce n'est le Fils et ceux à qui il l'a révélé». Jésus n'a pas parlé beaucoup de Dieu, mais il l'a montré par son exemple, dans sa joie, dans sa foi et aussi dans un petit mot jailli également d'une expérience amoureuse:

«Abba». Pour Jésus, le nom du Père équivaut à celui de «bon Dieu» pour Jean Lapointe.

Cigares du Bon Dieu

«Moi, je me dis que le bon Dieu s'occupe des petits oiseaux; alors, je ne vois pas pourquoi il ne s'occuperait pas de nous autres!». Cette phrase venait d'allumer une étincelle dans ses yeux; c'était une conviction d'expérience. Et la bouffée de fumée qu'il venait de tirer de son gros cigare me le faisait bien comprendre. Je m'explique.

Il s'appelle Conrad. Il a près de soixante-dix ans. Il circule à bicyclette du matin jusqu'au soir. Il est un amant de la nature. Il a une grande passion: les bons cigares. Il ne sait ni lire ni écrire mais, et c'est lui qui le dit: «cela ne m'a pas empêché de faire mon chemin dans la vie et de comprendre ce qui était important à comprendre». Il possède une petite maison «payée aux trois quarts». Il est père de cinq enfants. Il se dit un homme heureux... «le bon Dieu s'est toujours bien occupé de moi».

Les bouffées de fumée se succédaient au rythme de chaque confidence. Le plaisir se lisait sur son visage au moment même où il portait son cigare à sa bouche, lui laissant le temps de créer une pause dans son récit.

«Vous savez, me dit-il, l'air soudainement grave, ça n'a pas toujours été rose. Au début des années cinquante, quand on a eu notre dernier enfant, j'ai tout perdu. Je venais d'être «slaqué» à mon travail, puis ma maison a passé au feu. J'étais découragé. Il ne me restait plus un seul cigare: tant que je n'aurais pas trouvé un autre ouvrage».

Trois semaines passèrent avant qu'il ne trouve un

emploi. Sa première paye, pas très grosse, passa à payer ses dettes qui s'accumulaient. La deuxième, la cinquième, la dixième de même. Aucun cigare pendant toute cette période de temps.

«Un bon matin, alors que je me rendais à mon travail, toujours en bicycle, — c'est lui qui raconte — il me prit une envie folle de fumer. Jusque-là, je dois dire que je n'avais pas trop souffert de ne pas fumer. Mais là, j'ai vraiment eu le goût d'un bon cigare. J'ai dit au bon Dieu qu'il faudrait augmenter ma paye pour que je puisse m'acheter des cigares. Comme je passais devant un «club de nuit», je remarquai que beaucoup de bouteilles de bières traînaient sur le bord de la route. C'était la réponse du bon Dieu.»

Depuis ce jour, tous les matins, Conrad passe à bicyclette ramasser les bouteilles vides et va les échanger contre des cigares.

Dans l'espérance

Prière de découragement

Et moi, je disais: «je me suis fatigué pour rien, c'est pour le néant, c'est en pure perte que j'ai usé mes forces. À quoi cela a-t-il servi que je pratique ma religion, que je demeure fidèle aux principes moraux évangéliques? Où est-il mon Dieu?»

Ce cri du coeur, cette prière de découragement est le lot de plusieurs d'entre nous, à certains moments de notre vie. C'est la lamentation d'un coeur esseulé, la pensée secrète d'une vie qui ne trouve plus de goût à rien. C'est le désarroi de la personne qui se sent abandonnée.

Remarquons que cette parole révoltée, toute humaine qu'elle soit, est très biblique et très chrétienne. C'est du prophète Isaïe que j'ai emprunté la première citation qui ouvre cet article. Alors qu'Israël se sentait choisi par Dieu depuis sa naissance et qu'il s'était vu assuré de l'assistance de Dieu pour annoncer ses hauts faits et pour combattre en son nom, alors qu'il se découvrait un serviteur privilégié de son Seigneur, commence la période de désert, d'inquiétudes, de découragement: «c'est en pure perte que j'ai usé mes forces», pensa-t-il.

Jésus lui-même a connu la même sensation d'abandon et peut-être même de découragement. «Pourquoi m'as-tu abandonné?» et aussi: «Père bien-aimé écarte cette coupe. Tout t'es possible!»... «je ne pourrai pas; que cette coupe passe sans que je la boive!»

La prière de découragement est chrétienne. Elle est même un lieu où se révèle le plus la qualité de notre foi et de notre lien avec Dieu. C'est dans la prière que Jésus a vécu le désert, l'abandon de ses amis et le déchirement provoqué par l'affrontement de «sa volonté» et celle de son Père. C'est dans la prière qu'il dit sa peur à son Père.

Quel exemple! Jamais Jésus ne nous a été aussi proche! Prier, alors que l'on est dans la peur, dans le découragement, est un moment intense et décisif de toute vie humaine. C'est même une révolte qui nous fait monter à l'assaut de Dieu pour lui arracher la force de faire «sa volonté».

Israël est devenu le choisi de Dieu pour être la lumière des nations; Jésus, la pierre rejetée par les bâtisseurs, est devenu la pierre d'angle de l'Église, le salut pour tous les peuples. Comme quoi Dieu entend la prière, même celle de découragement.

Espérance en violette

Je ne suis pas un expert des plantes. Voilà l'excuse qui me fera pardonner d'avoir laissé une «violette africaine» dépérir sur la bibliothèque de mon bureau.

Oh! Lorsqu'elle regorgeait de belles fleurs, je m'en occupais avec une certaine aise. Je lui donnais sa ration d'eau, je la regardais régulièrement avec admiration (il paraît que les plantes sont sensibles à l'affection qu'on leur porte), je la présentais à des amis visiteurs; j'en étais fier car elle faisait son métier de plante et moi celui de responsable de ma plante.

Vint le jour, vous le devinez, où ma violette laissa tomber ses belles fleurs. J'en arrachai moi-même quelques-unes qui semblaient définitivement jaunâtres et moribondes. Je le faisais avec attention et respect, pensant procurer à ma plante plus de vigueur et une reprise de floraison plus rapide. Je me rends compte que je n'aimais plus ma plante «sans fleurs» comme si je l'accusais de ne plus faire son métier. Aurait-elle senti ce sentiment chez-moi? Je n'ose le croire. Cependant, sa condition dépérissait de plus en plus et moi, je l'abandonnais à son propre sort. Logiquement, je me disais qu'elle devait être rendue au bout de son rouleau.

Un bon matin, après quelques jours de funestes négligences de ma part, je décidai de me départir de ma plante qui n'avait plus du tout l'air d'une quelconque «violette». Arrachant la terre de son bocal, je fus surpris de constater la somme colossale de racines et de toutes les ramifications qui s'étaient constituées au fil des mois et des années. Quel travail intense et intérieur ne fallait-il pas produire pour permettre la formation d'une tige et d'une belle fleur! Ce qui apparaissait à l'extérieur n'était donc pas le plus important, peut-être.

Poussé par quelque sursaut de confiance et par un nouveau sentiment de responsabilité vis-à-vis ma plante, je décidai de la remettre en place, coupant la majorité des tiges qui sortaient de terre, ne laissant que cette magistrale usine intérieure à l'oeuvre. J'ajoutai de l'eau en bonne quantité et comme marque de mes nouvelles bonnes dispositions, j'apportai un peu d'engrais que je savais convenir à ce type de plante. Et puis les jours passèrent.

Losque des brins de terre se tassèrent pour laisser se faufiler une petite pousse verte, je me surpris d'admiration et de fierté. Cette pousse m'apparaissait plus belle que toutes les fleurs «violettes» que j'avais vues anciennement dans ce pot. J'avais eu raison de faire confiance à ma plante. Bien sûr, elle avait eu besoin de moi mais elle s'en était sortie toute seule: elle avait en elle ce qui était nécessaire à sa reprise de santé.

Entre ma plante et moi un apprivoisement merveilleux s'était accompli. Maintenant, elle était vraiment «ma plante» et moi «son jardinier». Je sais plus que quiconque comment la trouver belle, même si elle ne produit pas de fleurs chaque jour. Sa beauté intérieure est plus étonnante et plus durable.

Il ne s'agit que d'une plante et d'un banal récit de sauvetage *in extremis*. Est-ce seulement que cela? Certes non! Cette parabole m'est une grande leçon pour réaffirmer que «l'essentiel est invisible pour les yeux» et que dans le mystère des personnes, l'espérance prend toute sa vigueur lorsque les fleurs sont disparues et que nous prenons le temps de voir les racines intérieures, de laisser s'ouvrir le coeur.

Jogging de l'espérance

Le mois de novembre n'a pas la réputation d'être gai. Il s'ouvre sur un fond de cimetière; il se développe sur le souvenir de ceux qui sont morts à la guerre; il cherche sans cesse sa voie entre le chaud, le froid, la neige, la pluie. Enfin, presque un mois qui ne sait pas ce qu'il veut.

Remarquons tout de suite que, statistiquement parlant, à venir jusqu'ici, novembre nous aura apporté plus de jours ensoleillés que de jours gris. Mais passons sur les statistiques puisque ce sont les impressions qui, dans ce cas, prennent le dessus. Impressions de morosité, impressions de vague à l'âme, impressions de «trait d'union» entre deux choses incomplètes en elles-mêmes. En fait, c'est la vocation de novembre de nous faire exécuter un passage entre deux étapes de l'année.

Les instants de passage ne sont pas toujours «sécuritaires»: notre moral s'y sent à l'étroit et notre optimisme manque d'air. C'est pourtant dans les instants de passage que l'on mesure réellement la vigueur des tempéraments, la trempe des caractères et la profondeur de la foi. C'est dans les moments de passage que l'espérance donne toute sa dimension.

Certes, novembre est un mois de passage. En ce sens qu'il symbolise plusieurs moments importants et cruciaux de toute vie humaine. Il est comme un lieu de pratique pour l'exercice spirituel. Alors qu'une saison de la vie se termine, et que l'autre n'est pas tout à fait là, il importe de restituer les valeurs fondamentales et durables qui permettent d'accueillir et de donner du sens aux choses éphémères. La prière est un tel exercice, la prière de confiance surtout. La prière qui dit qu'après la pluie vient le beau temps et qu'après l'hiver, le printemps, mais la prière qui affirme par-dessus tout que le Seigneur est toujours là, présent, malgré la grisaille et, qu'en aucun moment, Il ne se permet d'être sourd à aucune de nos inquiétudes.

Triste novembre? Non, plutôt exigeant. C'est le mois le plus favorable pour le «jogging de notre espérance».

Les frites de l'espérance

Le jeune était revenu à la maison vers deux heures de l'après-midi. Il venait d'être mis à la porte: l'usine fermait. Et pourtant, il projetait se marier dans trois mois. Et pourtant, il avait signé les papiers d'achat d'une maison, sûr de pouvoir rencontrer les paiements mensuels. Il était même dans l'attente, c'était une question de temps, de recevoir une augmentation de salaire. Puis, crash! tout a sombré. Plus rien, le vide.

C'était en tout cas le sentiment qui le rongeait. Âgé de vingt-cinq ans, à peine un diplôme pour ajouter à son curriculum vitae, il s'était présenté chez sa mère, ne sachant trop où aller, ayant quitté la maison depuis maintenant deux ans. Sa mère l'écoutait toujours. Dans le temps, elle trouvait toujours les bons mots pour le consoler, lui redonner confiance.

Sa mère avait bien vu à son air tout le drame qui se passait dans la vie de son fils. Au bord des larmes, qu'il refusait orgueilleusement de laisser couler, il s'était laissé tomber sur une chaise au bout de la table. Un long silence s'ensuivit. L'un et l'autre espéraient tellement trouver le mot juste, la bonne attitude. Fallait-il questionner se demandait la mère: «Qu'est-ce qu'il y a qui ne va pas?» Fallait-il suggérer: «Tu as cassé avec Louison?» Comme il est difficile à franchir le portique d'un coeur qui a mal!

Le jeune regarda longtemps sa mère, les yeux dans les yeux. Il y cherchait une lueur d'espérance, une lumière qui, sans rien dire, le guiderait vers une solution impossible. «J'ai perdu ma job!» laissa-t-il échapper la gorge serrée. Tout était dit! Le présent comme l'avenir avec Louison se ramassaient dans ce mince filet de voix.

La mère ne dit rien. Elle se leva, s'approcha de l'évier, sortit un sac et se mit à travailler. «Qu'est-ce que tu fais?» lui dit le jeune. «Je vais te faire des frites!» répondit la maman.

Aucun scénariste n'aurait pu prévoir cette réplique. Pourtant, elle porta ses fruits. Les deux s'étaient compris; les deux savaient que, somme toute, l'espérance n'était pas morte. Je retiens une question: «D'où est venu à la mère ce réflexe des «frites de l'espérance?»

Puissant mais à genoux

Si on veut être efficace, si on veut arriver à ses

fins, il nous faut exercer une certaine forme de puissance. Le slogan le dit bien: au plus fort la poche!

En mentionnant des noms comme Napoléon, Éva Péron, Gandhi, Cléopâtre, Saint-François d'Assise, Mère Thérésa, Rockefeller, nous découvrons un dénominateur commun: l'ascendant de ces personnes sur leurs contemporains. Chacun est marqué par une certaine forme de puissance, mais combien à l'opposé dans sa manière de s'exprimer.

C'est la même chose si l'on parle des groupes. Que ce soient les multinationales, les gouvernements, l'Église, la Croix-Rouge ou bien les syndicats, il y a la marque d'une puissance. Une puissance cependant qui s'exprime sous différents visages.

L'Évangile propose un visage particulier à la puissance: «le serviteur n'est pas plus grand que son maître»; et Jésus dit aussi: «celui qui voudra devenir grand parmi vous se fera votre serviteur».

Est-ce que ce visage de la puissance tel que proposé dans l'Évangile peut trouver des échos dans notre monde, aujourd'hui? En d'autres mots, est-il utopique de parler d'une manière chrétienne d'exercer la puissance? Y a-t-il une stratégie chrétienne de lutte pour la prise du pouvoir, par exemple dans la situation de la promotion de la femme ou bien dans la promotion des droits des travailleurs? Si oui, cette stratégie sait-elle être crédible et faire lever, aujourd'hui, des espérances à la hauteur de ce que le Christ est venu apporter sur la terre?

Martin Luther King, Gandhi, Mère Thérésa, François d'Assise ont épousé une telle stratégie, à la suite de Jésus, qu'ils ont réussie. À force de combien d'incompréhension, de sévices de toutes sortes, d'échecs douloureux, mais ils sont parvenus à leurs fins. Leur cause n'était pas assoiffée de puissance: elle était inspirée.

Il n'est peut-être pas exagéré d'affirmer que les premiers pas de toute grande cause, à la ressemblance même du grand combat de la vie auquel doit se livrer le bébé, doivent toujours être faits à genoux.

Du pantalon au pardon

Voici une histoire vraie. À Saint-Hubert, au Québec, (pas tellement loin de nous) vivait un émigré polonais. Propriétaire d'une petite maison, d'une auto moyennement âgée, il vivait en solitaire avec un chien. Un jour, ce chien attrape le pantalon d'un jeune voisin et le déchire. Commence alors une série de revendications de la part des parents de ce dernier pour obtenir remboursement.

Étant donné que le Polonais ne s'est pas présenté en cour (nous ne connaissons pas son explication en cela, peut-être n'a-t-il jamais compris ce qui se passait sur son dos) une condamnation apparaît: il devra alors payer 300$.

Comme le temps passe et que le Polonais ne paie pas, les procédures judiciaires se poursuivent. Un huissier vient saisir l'auto. On en obtiendra 25$. Des informations sérieuses nous indiquent que le compteur de l'auto n'indiquait que cinquante mille milles et qu'on aurait pu en obtenir un prix d'au moins 600$ à 700$.

La maison sera saisie à son tour. Elle sera vendue pour un montant de 5 100$; son évaluation est d'au-delà de 22 000$.

Et le Polonais, là-dedans? Personne n'aurait entendu parler de lui, si ce même Polonais ne s'était barricadé dans sa maison lorsque les huissiers sont venus lui présenter un ordre d'expulsion. «Si vous entrez ici, leur dit-il, je fais tout sauter et moi avec».

Et pourtant, tout cela a commencé par un pantalon déchiré!

Voici une autre histoire racontée par Jésus. Vous pourrez la compléter en lisant dans l'Évangile de Saint-Matthieu au chapitre 18, verset 23. «Un roi voulut régler ses comptes avec ses serviteurs. L'un deux ne pouvait pas régler une très grosse dette. Le maître donna donc l'ordre de le vendre, avec sa femme, ses enfants et tous ses biens et d'éteindre ainsi sa dette». Mais... (allez voir la suite... y compris jusqu'au pardon).

Aujourd'hui, le Polonais n'a plus de maison, plus d'auto, plus de chien. Une femme du voisinage a commencé de recueillir des appuis. C'est le seul chemin d'espérance qui s'ouvre pour lui.

Rose ou balafre

Vous savez très bien qu'une tache sur un pantalon ou bien sur une robe «défigure» complètement le vêtement! En tout cas, c'est souvent ce que nous expérimentons. La moindre petite échancrure dans un bas, un rond de sauce à spaghetti sur la blouse réussissent à nous faire désespérer de la vie.

Ceci est vrai, tant au plan matériel que spirituel. *La bêtise que l'on a faite parlera souvent plus fort que tous les bons coups de toute notre vie*; la dépression que l'on aura vécue réussira même à nous faire oublier que l'on n'a pas toujours été dépressifs et qu'il est encore possible de recouvrer une santé tout à fait équilibrée.

Voici une petite parabole que j'ai entendue au sujet des gros et vilains défauts qui défigurent une vie.

Un riche Seigneur avait un bijou de très grande

valeur. Un diamant unique et superbe de perfection. Un jour, à la suite d'une exposition dans un grand musée, le diamant fut l'objet d'un vol qui avorta mais on lui infligea une cicatrice sur les deux tiers de sa longueur. Du coup, le diamant ne valait plus rien: il disparaissait derrière la cicatrice. Du moins, c'est ce que pensait le riche Seigneur.

Tous les experts furent convoqués pour tenter de polir le diamant et ainsi, faire disparaître la vilaine plaie. Rien à faire. Elle demeurait là, béate, fendante, odieuse. Sauf cette plaie, plus rien n'existait du diamant.

Le jardinier du Seigneur lui suggéra le nom d'un artisan de ses amis, qui pourrait sans doute faire un miracle avec le diamant. En désespoir de cause, le Seigneur fit venir ledit artisan et lui confia le précieux objet. Non sans une certaine réticence, car l'artisan exigeait «carte blanche» sur les moyens employés pour réparer la vilaine balafre. Il fallait lui faire confiance, ou rien.

Après deux semaines d'inquiétude, le Seigneur reçut un écrin luxueux qu'il ouvrit précautionneusement. «Mais ce n'est pas mon diamant!», cria-t-il. «Qu'est-ce que c'est que cela?» Puis, délicatement, presque tendrement, il prit dans ses mains la pierre devenue rose et sculptée.

La première émotion passée, le Seigneur se rendit compte que la cicatrice de la pierre était devenue la tige qui supportait une magnifique rose en diamant. Joyau inédit encore plus merveilleux que tous les diamants du monde.

Ainsi en est-il parfois dans la vie. D'une décourageante meurtrissure, peut surgir, à force de patience et de tendresse, le plus séduisant trésor.

Brèche au mur du silence

«Regardez les oiseaux du ciel: ils ne font ni semailles ni moisson, ils ne font pas de réserves dans les greniers, et votre Père céleste les nourrit. Ne valez-vous pas beaucoup plus qu'eux?» Ce texte me revenait dans la tête pendant que j'observais, ému, cette femme sourde, muette et aveugle, tenant la main droite de son mari pour l'écouter parler.

C'était dimanche, il y a quinze jours. L'émission «Le Jour du Seigneur» était célébrée dans la chapelle Notre-Dame-du-Bon-Conseil à la maison de l'Institut des sourds. Je demeure étonné, comme la plupart d'entre vous sans doute, de l'habileté avec laquelle les personnes sourdes arrivent à se parler, dans le langage des signes. Ils arrivent même à chanter, rythmant leurs gestes pour donner expression soit à un sentiment de joie, de paix, ou d'admiration.

Pourtant, ce qui m'a bouleversé, c'est de découvrir que cette femme, dont la main gauche suivait les mouvements codés de la main droite de son mari, réussissait à l'entendre parler.

Alors qu'elle aurait pu se trouver complètement isolée sur elle-même, ne pouvant recevoir aucune communication, ni par les yeux, ni par les oreilles, voilà que sa main tendue et supportée par celle de son mari, perçait une brèche dans ce mur du silence. Sa main était ses yeux et ses oreilles.

Bien sûr, quelle patience et quel courage pour arriver à ce résultat et surmonter ces terribles handicaps. Mais c'est possible! Voilà ce qu'il faut retenir.

Combien de personnes s'arrêtent en chemin, alors que le combat à livrer ou que le problème à surmonter est de taille beaucoup plus petite. Certes, les problèmes sont toujours trop gros lorsqu'ils sont les nôtres.

Cependant, je me répète avec l'Évangile qu'à chaque jour suffit sa peine et que quiconque met sa foi dans le Seigneur sait trouver l'audace, la persévérance et surtout l'espérance pour venir à bout des tunnels les plus longs et les plus sombres de l'existence.

La main tendue de cette femme aveugle en est une preuve.

Hier, jeunes d'aujourd'hui

Qu'est-ce que vous pensez des «jeunes d'aujourd'hui»? Juste par curiosité, essayez de découvrir qui aurait pu dire les deux phrases suivantes et en quelle année elles auraient été prononcées.

Voici la première: «Notre monde atteint un stade critique. Les enfants n'écoutent plus leurs parents. La fin du monde ne peut pas être très loin» Et voici la deuxième: «Notre jeunesse aime le luxe, elle est mal élevée, elle se moque de l'autorité et n'a aucune espèce de respect pour les Anciens. Nos enfants d'aujourd'hui sont des tyrans».

Je suis certain que vous n'y êtes pas du tout. La première phrase a été prononcée environ 2 000 ans avant Jésus-Christ par un prêtre égyptien. La deuxième a été prononcée par le philosophe Socrate, 450 ans avant Jésus-Christ.

Un malin pourrait dire que «plus ça change, plus c'est pareil». Et il y aurait du vrai là-dedans. Car la condition de croissance dans la vie va toujours de la jeunesse vers l'âge adulte en passant par diverses formes de crises, de contestations, de réussites et d'échecs.

Ce regard sur «les jeunes d'autrefois» et ce qu'on en disait, pourrait nous être une leçon de sagesse et de compréhension (j'oserais dire de tolérance) vis-à-vis certaines attitudes que nous décrions chez les jeunes d'aujourd'hui. Comme ils surgissent vite ces jugements à l'emporte-pièce dès que par-dessus notre épaule nous commençons à apercevoir des plus jeunes que nous: «dans mon temps, ce n'était pas de même», ou bien: «cette jeunesse-là n'a pas de principes».

Voici une autre phrase, celle-là de Platon, prononcée vers l'an 400 avant Jésus-Christ: «Les jeunes veulent tout de suite la place de leurs aînés; les aînés, pour ne pas paraître retardataires, ou despotiques consentent à cette démission. Couronnant le tout, au nom de la liberté ou de l'égalité, l'affranchissement des sexes». Franchement, direz-vous, Platon est pas mal d'actualité.

Jeunes d'autrefois, ou jeunes d'aujourd'hui, ce sont toujours des personnes qui n'apprendront véritablement leur métier d'hommes et de femmes adultes qu'à la seule condition de trouver quelque part une étincelle d'espérance et de sens à leur vie. Plus que des jugements ou des condamnations, l'espérance est le service que nous devons nous employer à rendre, nous, les adultes, aux jeunes d'aujourd'hui.

Audaces de résurrection

Pour passer du Vendredi Saint au dimanche de Pâques, pour passer de la mort à la vie, il nous faut un «passage»: une pâque. Saint-Paul nous dit que «baptisés en Jésus-Christ, c'est dans sa mort que nous avont été baptisés... mais si nous avons été mis au tombeau avec Lui, c'est pour avoir part à sa résurrection».

Voici la foi des chrétiens; voici la lumière de Pâques.

C'est au coeur même de nos tombeaux, de nos souffrances et de nos doutes que se trouve la trace de la résurrection, le germe de vie nouvelle. Le Christ ne vient pas enlever la souffrance et les croix de notre vie, mais il vient briser les tombeaux qui pourraient nous faire croire que nous y sommes enfermés. Le Christ ouvre un passage.

La Résurrection prend racine sur la mort. Si nous ne voyons pas plus de signes de résurrection dans notre vie, c'est que nous refusons de voir la mort; nous avons peur de la mort. Nous craignons tout ce qui dans notre vie s'appelle abandon, confiance totale et don de notre vie. Nous nous arrêtons souvent en chemin. Et pourtant, le passage est là!

Combien de fois refusons-nous l'audace du pardon qui est en fait la mort à soi-même? Combien de fois refusons-nous l'audace des béatitudes qui nous oblige à mourir à nous-mêmes («heureux les doux, les miséricordieux, les coeurs purs, les artisans de paix»), parce que nous avons peur de paraître «quétaine» dans un monde qui affirme la loi du plus fort et du succès à tout prix? Comment, enfin, dans nos relations avec Dieu, refusons-nous l'audace de pouvoir carrément faire confiance à Sa volonté («Père, non pas ce que je veux, mais ce que tu veux»), parce que nous refusons orgueilleusement de mourir à notre propre liberté et d'orienter notre vie sur Dieu et pour Dieu.

Ce ne sont pas de vaines paroles lorsque le Christ dit: «celui qui veut venir à ma suite, qu'il se renonce lui-même, qu'il prenne sa croix et qu'il me suive». Marcher à la suite du Christ, c'est découvrir un passage entre le Vendredi Saint et le matin de Pâques. Il ne faut pas avoir honte de nos détresses et de nos désespérances: elles deviennent les instruments mêmes de nos dépassements et de nos «recommencements de vie». Elles sont le lieu de certaines audaces de résurrection. Et le Christ est le premier à avoir ouvert ce passage!

Vivants comme jamais

Il y a toutes sortes de gestes qui donnent de la vie. Un sourire, un service rendu, un appel téléphonique de salutation, un mot aimable, un compliment; voilà autant de gestes qui sont porteurs de vie. Le plus étrange, c'est qu'ils donnent de la vie, sans en faire mourir nulle part. Ils donnent de la vie en en créant. Ainsi, le sourire n'appauvrit pas la personne qui le donne; au contraire, il l'enrichit.

À regarder une fleur qui reprend vie, on découvre que l'eau qui la nourrit et le soleil qui la réchauffe sont porteurs de vie. À regarder une personne qui recouvre la santé, on se dit que le médicament qu'elle reçoit et les soins qu'on lui prodigue sont porteurs de vie.

À voir des personnes qui redécouvrent la joie de vivre, la santé du coeur et l'espérance au contact d'autres personnes, on se dit que ces personnes-là sont porteuses de vie.

La réflexion est simple. Elle me vient d'une remarque que m'avait faite une dame au sortir d'une messe. Elle m'avait dit: «c'est drôle, mais quand je sors de la messe après avoir prié et communié, c'est comme si j'étais plus en vie». Ce doit être une preuve que Jésus est vivant; un mort n'apporterait pas la vie ainsi.

C'est comme cela, d'ailleurs, que les Évangiles rapportent l'effet du contact avec Jésus. Remarquons simplement quelques exemples.

Alors que les disciples d'Emmaüs sont tout bouleversés des derniers événements du Vendredi saint, Jésus fait un bout de chemin avec eux et, à l'auberge, partage pour eux le pain. La parole des disciples est celle-ci: «notre coeur n'était-il pas tout brûlant lorsqu'il expliquait pour nous les Écritures»! Et leur action consécutive au contact de Jésus est de les pousser à courir à Jérusalem, malgré l'heure tardive et la fatigue. Il n'est plus question pour eux de sombrer dans le désespoir et les eaux grises de l'inquiétude et du doute: ils se découvrent vivants comme jamais auparavant.

La même chose se passe avec les disciples que Jésus réunit sur le bord du lac Tibériade pour le déjeuner. Ils étaient affaissés, découragés d'avoir pêché toute la nuit sans rien prendre. Sur l'invitation de Jésus, comme poussés par la simplicité certaine de sa parole: «essayez à droite», ils lancèrent leur filet et en retirèrent une telle abondance de poissons qu'ils ne purent qu'admettre: «c'est le Seigneur!»

Jésus vivant nous fait renaître de sa propre vie. La réflexion est simple, non?

Pissenlits et baptême

En quoi un enfant que l'on baptise peut-il bien ressembler à un pissenlit? Je ne le savais pas moi-même jusqu'à ce dimanche après-midi où, me rendant à l'église pour présider à une célébration de baptême, je vis un bambin en train de cueillir des pissenlits. Le printemps les avait tout juste fait éclater. Et l'enfant les cueillait avec une précaution qui m'émut.

Que se passait-il entre cet enfant et ces fleurs, sinon ce grand mystère de l'accueil et de l'apprivoisement.

Un pissenlit, c'est bien connu, n'est pas accepté par tous de la même façon. Je dirais même qu'une constante s'impose, à savoir qu'un pissenlit «ça dérange davantage que ça réjouit». Sauf bien sûr pour un enfant ou pour une personne qui possède la grâce de réagir comme un enfant et qui découvre le moyen de s'émerveiller devant un pissenlit. Remarquons que faire d'un pissenlit, «sa fleur», c'est donner beaucoup d'importance à ce qu'il y a de plus petit, de plus humble, dans nos parterres de printemps. C'est rendre précieuse une fleur, qu'autrement, on s'empresse d'arracher et de jeter sans remords.

Je ne suis pas en train de développer un sentiment de culpabilité pour toutes les fois où je détruirai des pissenlits avec la tondeuse, mais je m'arrête à penser que si d'une fleur éphémère on peut faire jaillir de l'émerveillement, de la prévenance, de l'attention et de la beauté, à combien plus forte raison peut-il en être ainsi d'un bébé qui arrive à la vie.

Certes, tous les bébés ne sont pas accueillis de la même façon. Certains dérangent et ne sont tout simplement pas tolérés. Ils sont comme des pissenlits, mauvaise herbe, dont on veut se débarrasser à tout prix. D'autres, par contre, sont comme le pissenlit que ce jeune enfant cueille avec tendresse et à qui il donne la chance d'exister. C'est une grâce qu'il lui communique. Et il reconnaît sa beauté, sa dignité de «fleur».

Je me dis que tous les pissenlits sont des fleurs aux yeux de Dieu. Je me dis aussi que tous les enfants sont uniques et précieux aux yeux de Dieu. C'est sa grâce d'amour qu'il leur communique dans le geste du baptême. C'est sa vie même qu'il leur donne en reconnaissant leur beauté, leur dignité de «personne humaine». C'est sa tendresse de Père qui s'exprime en l'entendant dire: «tu es mon enfant, en toi j'ai mis tout mon amour».

Mon cueilleur de pissenlits ne sait pas que j'ai aimé ses fleurs avec lui. Mais quand un père et une mère présentent leur enfant au baptême, ils savent, eux, que Dieu aime leur bébé avec eux. Peut-être deviennent-ils ainsi encore plus capables d'aimer leur enfant «à la façon de Dieu».

Planter sa croix

Nous rencontrons beaucoup de croix dans notre vie et nous disons souvent: «il faut bien porter sa croix!». Par contre, s'il y a une critique qui s'adresse aux chrétiens, c'est celle-ci: «vous avez appris, à cause de Jésus, à porter votre croix, de façon résignée, sans rien dire, attendant que quelque chose se produise».

L'idée de résignation et d'acceptation de coups durs dans la vie est certes chrétienne. Mais, en y regardant de près, elle représente un appauvrissement et même une déformation de l'attitude de Jésus portant sa croix.

Jésus n'est pas résigné à porter sa croix... «parce qu'il ne pouvait pas faire autrement». Non! Jésus a accueilli sa croix; il l'a accepté volontairement et pleinement parce qu'il a compris ceci: ce n'est pas le fait de porter bien des croix qui donne du sens à une vie, c'est la manière d'en porter une. C'est la qualité d'amour qu'on y découvre nous-mêmes et qu'on y met.

Il est très différent de dire: damné chômage, saprée maladie, diable de divorce... que de dire... «Woops! cette croix qui me tombe dessus m'oblige à fouiller dans mes ressources les plus profondes, à puiser dans mes forces de vie que je ne me connaissais pas, à retrousser mes manches, à revérifier mes valeurs, à m'armer de courage, à trouver en moi toutes mes puissances de vie: en un mot, à trouver Dieu.

C'est souvent dans les instants de souffrances et de mort que s'expriment les plus vrais élans d'amour et de dépassement, justement parce qu'ils sont les plus gratuits et jaillissent de nos racines les plus intimes.

Une expression populaire veut qu'en «mettant une croix» sur notre passé ou sur un événement douloureux, nous cherchions à l'oublier, à l'évacuer de notre vie. Pour nous, chrétiens, mettre une croix sur un événement, sur le passé, c'est décider de faire jaillir, à partir de lui, de la vie neuve, de la vie différente. C'est puiser à l'espérance même de la croix de Jésus pour faire surgir la résurrection, là où nous croyons que la mort règne.

En mettant une croix sur un événement douloureux et lourd à porter, loin de l'évacuer de notre vie, nous l'affrontons courageusement et l'enjoignons de devenir pour nous occasion de dépassement. De plus, en mettant une croix dans notre vie, nous découvrons que sur cette croix Jésus est déjà présent et que la solitude qui, jusqu'ici nous paralysait, est dorénavant vaincue.

La vérité, c'est que nous ne sommes plus jamais seuls à porter notre croix.

Corridor avec issue

«Qui écoute la Parole de Dieu et la met en pratique vivra heureux!» J'en suis convaincu! C'est une sagesse qui est véhiculée par des centaines de générations et qui ne s'est pas démentie. D'ailleurs, c'est le fondement même de la Bonne Nouvelle de Jésus-Christ: «Je suis venu pour que vous ayez la vie en abondance».

Alors que tous les vents de doctrines déferlent sur notre société et apportent un remue-ménage dans nos valeurs et nos confiances, l'enseignement de la Bible demeure ferme et pointe comme la base la plus solide pour apporter le bonheur. Un bonheur qui trouve son sens dans la personne de Jésus-Christ et dans la relation d'amour établie avec Dieu, notre Père.

Certes, devenus adultes, nous voulons réexaminer

les options qui déterminent nos choix et nos actions. L'exercice de notre liberté nous permet alors de rejeter, d'accepter ou de changer l'éventail de nos règles de conduite. La difficulté la plus répandue dans cette remise en question est le manque de critères sûrs et solides. Autrement dit, nous manquons d'éclairage pour bien discerner. Conséquemment, nous nous lançons tête baissée dans le premier corridor que nous voyons, sans savoir où nous allons, et, peu à peu, nous apprenons par l'expérience, trop tard pour faire marche arrière, que ce corridor est sans issue.

Aujourd'hui, beaucoup de corridors, de toutes les couleurs, nous sont proposés. La plupart sont sans issue au bout; la plupart n'apportent qu'un bonheur éphémère, qu'un bonheur sec.

«Comment se fait-il que Dieu, s'il est bon et s'il sait que ces corridors sont sans issue, nous les laisse prendre?» À cela, Dieu n'a pas de réponses toutes faites, sinon celle de nous renvoyer à notre propre liberté. Somme toute, c'est nous qui avons choisi notre route et avons fait taire sa Parole dans nos vies pour mieux nous permettre de faire notre propre volonté.

Dieu ajouterait cependant: «Je suis toujours là, prêt à faire route avec toi. Le bonheur c'est chaque heure que tu sais rendre bonne. Et là-dessus, tu découvriras que le chemin pour y arriver passe toujours par le don de soi-même. La vie n'est pas faite pour être bloquée devant toi: je la veux large, ouverte, ressuscitée. Les corridors sans issue ne sont pas de mon invention».

Nous épauler à Dieu

J'ai rencontré un aveugle, bi-manchot, qui m'a parlé de sa souffrance et de son espérance. Il m'a parlé de sa souffrance en me faisant comprendre d'une façon que j'intuitionnais, sans arriver à l'exprimer, que Dieu ne veut pas la souffrance humaine, mais que sans la souffrance habitée par Dieu, sans le Christ en croix, plus aucune souffrance n'a de sens.

«Si vous êtes révolté par la souffrance, par les guerres, les famines, les tremblements de terre comme au Mexique, rassurez-vous, Dieu l'est encore plus que vous». Certains chrétiens et des prêtres lui avaient déjà suggéré de remercier Dieu pour sa souffrance. «Mais comment remercier Dieu pour mon infirmité? me questionna-t-il? Pour mes orbites béantes et mes deux moignons sans mains? Pourma dépendance de chaque instant?» Et il poursuivit: «Ce n'est pas Dieu qui a fait cela: c'est la bêtise humaine. Dieu, lui, nous dit «Aimez-vous les uns les autres»; non pas «coupez-vous les mains et arrachez-vous les yeux»!

Or si nous sommes faits pour aimer et ne le faisons pas, utilisant mal la liberté dont Dieu nous a gratifiés, nous ne pouvons reprocher à notre Créateur le fait d'être victimes de la faute d'aiguillage que nous avons commise et de ses conséquences. Par contre, lorsque dans notre limite et notre brisure humaine, nous découvrons tout à coup qu'il y a matière à dépassement, à un second souffle et même à une réussite inespérée, là, il nous faut reconnaître que les lois de l'existence sont renversées. Car, du mauvais ne peut naître du bon, à moins qu'il n'y ait une énergie quelconque qui fasse basculer cette inexorable contrainte du mal dans notre vie.

Lorsque dans la mort apparaît la résurrection, l'évidence doit être nommée: c'est Dieu qui agit. Aux timons de la charrette de la souffrance, le Christ s'attelle, les deux bras en croix, et il tire de toutes ses forces, nous entraînant à sa suite, nous, l'épaulant de notre mieux.

Ce n'est jamais la souffrance qu'il faut apprécier ou aimer; c'est plutôt en elle l'occasion qui nous est donnée de nous épauler à Dieu.

Dans le quotidien

Lutte au Notre-Père

Nous en étions à la récitation du Notre-Père. Comme je ne présidais pas cette messe, j'étais un peu en retrait, à l'arrière. Je remarquai une petite lutte qui se déroulait entre une maman et son enfant d'à peu près trois ans. La maman voulait que l'enfant tende ses mains ouvertes, en signe de prière; l'enfant, elle, était préoccupée à autre chose. À moins qu'elle ne désirat tout simplement pas être commandée dans ses attitudes de prières, même à trois ans.

En fait, la petite fille était placée devant sa mère, entre le banc et sa mère, et puis entre les deux bras de sa mère. Alors, quand la maman tendit les mains pour réciter le Notre-Père, elle prit machinalement ceux de sa petite fille et les tendit en même temps que les siennes. Ce qu'il ne fallait pas faire! Car la jeune se débattit fébrilement et lança un «non» assez catégorique pour que certains voisins entendent. Devant ce désintérêt pour le moins agressif, la mère laissa sa fille vaquer à ses occupations de l'instant. Elle continua tout de même à proclamer le Notre-Père, conservant ses deux mains tendues. Peu à peu, la jeune se défila de l'enclos inoffensif dans lequel elle se trouvait et se plaça un peu plus loin, à côté. Chacune était à son affaire.

La maman devait penser avoir manqué son coup. Ne faut-il pas commencer jeune à éduquer ses enfants à la prière? Sans doute le Notre-Père qu'elle récita, ce jour-là, devait-il se faire préoccupant vis-à-vis sa fille.

Nous en étions à la demande «pardonne-nous nos offenses» lorsque la jeune fille laissa le feuillet paroissial qui l'occupait tant et, se tournant vers sa mère, se mit à tendre doucement les bras, avec beaucoup de précaution, comme si elle mesurait l'élévation et la distance entre ses mains, juste comme le faisait à l'instant sa mère. Celle-ci remarqua de l'oeil le geste que posait sa fille; elle lui fit un sourire d'approbation. Toutes les deux terminèrent la prière, portées, sans doute par un même Esprit.

C'était beau! Je me dis qu'il en est souvent de même dans la vie. Des parents voudraient que leurs enfants fassent comme eux, au moment où ils le décident. Ce n'est pas toujours aussi simple. Reste cependant que tôt ou tard, l'exemple, le bon exemple s'entend, finit par produire ses fruits.

Camions-remorques à l'église

C'est toujours un bon signe de voir, sur le bord des autoroutes, des filées de camions-remorques, arrêtés devant un restaurant. Nous devinons que la table est très bonne ou que le service est de très bonne qualité. Avez-vous remarqué que ce n'est pas toujours ce qu'on mange qui nous rassasie vraiment mais le climat dans lequel nous mangeons?

Il est gros à parier que ces camionneurs arrêtent à tel endroit précis à cause du sourire de la personne qui fait le service, de sa conversation, de la manière qu'elle a de l'aborder et de le faire jaser, tout en respectant son intimité. En un mot, à cette table, ce camionneur s'arrête et se sent bien parce qu'il est quelqu'un.

Pensons un instant à toutes les tables où, dans notre société, nous ne sommes plus personne. Les «fast-food» qui, bien sûr, répondent à notre attente de rapidité, mais qui mécanisent les relations: «c'est vous, le deux frites, pas de sauce avec fromage?» Comme interpellation amicale, j'ai déjà vu mieux!

Regardons également plusieurs de nos tables familiales où il n'y a plus de personnalité, pas beaucoup d'esprit de famille. Chacun fait battre la porte du réfrigérateur à son gré, prend ce qui fait son affaire, et ne s'occupe pas beaucoup des autres membres de la famille. Il faut presque se donner rendez-vous à tel repas de la semaine pour profiter d'une vraie table familiale où chacun sera présent.

Enfin, soulignons dans la ligne des repas parfois dépersonnalisés, certaines messes devenues stéréotypées par le rituel du *Prions en Église*. Pas un iota ne bouge. On se lève, on s'assoit, on s'avance pour communier et puis on s'en va. À ce rythme là, il n'est pas très surprenant de ne pas rencontrer de filées de camions-remorques, le dimanche matin, à la porte des églises: le climat du repas n'est pas toujours personnalisé.

La solution n'est pas dans les gadgets ou les tapes dans le dos. Elle réside dans la découverte personnelle que le pain partagé, avant d'être du pain, c'est quelqu'un qui a du coeur pour nous. Au restaurant comme à l'église, quelqu'un prépare la table et nous offre un «pain de vie». Tout repas est une rencontre de personnes. Les camions-remorques le prouvent.

Loterie du coeur

Eh! Est-ce que c'est normal de gager de l'argent à la loterie? Ne pensez-vous pas que c'est entretenir les pauvres gens dans l'illusion d'un rêve impossible et de leur voler leur argent? Par contre, que voyez-vous de si répréhensible à perdre deux ou trois dollars pour participer au jeu collectif de l'heure et vibrer à l'anxiété du «tout d'un coup?»

J'aimerais avoir la sagesse de tout l'Évangile pour répondre adéquatement à cette question qu'un ami n'a pas osé me poser, de peur que je lui réponde «moralement» qu'il était un peu à côté de la voie.

En fait, je n'ai pas du tout le goût de répondre de façon péremptoire en disant: «C'est correct ou c'est pas correct!» D'autant plus qu'en tout état de cause, je ne saurais pas quoi dire vraiment.

Ce que je constate, c'est que notre époque s'adonne de plus en plus aisément à la quête de solutions magiques pour tout ce qui concerne notre vie. Je fus étonné d'entendre une émission radiophonique où on ne s'intéressait presque pas au nom de la personne mais plutôt à son signe astral et à l'influence lunaire qui pouvait lui permettre de gagner ou pas à la loterie. Je crains cette forme de déterminisme qui, poussé au bout, fait perdre toute consistance à la personne humaine libre et responsable.

Jésus a très certainement été perçu par plusieurs comme un magicien qui pouvait apporter des solutions rapides à tous les maux. N'a-t-on pas voulu le proclamer roi? N'a-t-on pas voulu «profiter» de lui et de ses qualités de messie? («Si tu es Fils de Dieu, sors-toi de là et nous avec»!) Mais Jésus s'est toujours gardé de tomber dans le piège. Jésus n'est pas un billet de loterie; il est l'anti-loto. Il ne veut pas entretenir des illusions.

Lorsque Jésus guérit un lépreux, il commence à rebâtir le monde brisé pour que ceux qui en sont exclus trouvent la place qui leur revient. Certes, il ne rendra pas millionnaires tous les pauvres; il sait très bien que là n'est pas la voie du salut. Il dira pourtant que la vraie richesse réside dans les biens durables, les biens du coeur. Or, pour de tels biens, les loteries sont impossibles. Je gage que quelqu'un va essayer bientôt d'en partir une!

Chéri, tu es désert

Je retournais paisiblement chez moi, en auto, écoutant Jean-Louis Trintignant déclamer sur les ondes radiophoniques un texte d'Antoine de Saint-Exupéry. Tout à coup, une phrase s'est accrochée à mon oreille: «Ce qui rend le désert si beau, c'est qu'il cache quelque part un puits». Je n'ai rien entendu d'autre, tant cette phrase a retenu mon attention.

Je me suis dit qu'il était extraordinaire d'arriver à découvrir «beau» quelque chose de sec, d'aride, de presque meurtrier. Je prenais encore une fois conscience que la beauté et la grandeur d'une chose viennent souvent de ce qu'elles cachent de mystère. Enlever le mystère et tout s'écroule. Croire indéfectiblement que le mystère est là, quelque part, prêt à se révéler, et tout devient possible.

Il y a beaucoup de maris ou d'épouses qui croient leur conjoint irrémédiablement sec, tari, vide de ressources. Devant eux, c'est le désert complet où plus rien ne peut pousser, où nulle part il n'y a place pour le moindre oasis.

C'est la désespérance parce qu'il n'y a plus de place pour le mystère. On ne croit plus l'un dans l'autre. On n'a plus la certitude que, quelque part, en l'autre, se cache un puits qui pourrait faire rejaillir la vie.

Et pourtant, des personnes arrivent à croire dans un désert et à le trouver «beau». Parce que, justement, ils savent d'une certitude inébranlable que, quelque part, ce désert cache une étincelle de vie, un puits.

Si Dieu, qui est le Créateur de l'univers, a pensé à parsemer le désert de petites oasis pour que quelqu'un, un jour, puisse les trouver «belles» et ne perde pas espérance, à combien plus forte raison a-t-il placé en l'homme et en la femme, ses créatures de choix, des puits de «vie neuve».

Croire en l'autre et arriver à le trouver «beau» même s'il a l'air sec et vide, c'est croire précisément que, quelque part, en lui se cache un puits.

Madame, si votre mari vous dit que vous êtes un «désert», j'espère avec vous qu'il croit, comme moi, en cette présence du puits.

Tenez bon votre bonheur

Avez-vous une idée d'où vient l'expression «tenir bon»? Moi, j'en ai une, mais je suis certain que ce n'est pas la bonne.

Je lisais dans le Nouveau testament, à la lettre de Saint-Jacques, au chapitre 5, verset 10: «Voyez, nous proclamons heureux ceux qui tiennent bon. Vous avez entendu dire comment Job a tenu bon, et vous avez vu ce qu'à la fin le Seigneur a fait pour lui, car le Seigneur est tendre et miséricordieux». L'expression «tenir bon» m'a sauté aux yeux. Puis, il m'est tout de suite venu en tête les paroles de la Genèse: «Dieu fit la création belle et bonne». Il ne me restait plus qu'à faire la jonction entre Saint-Jacques et la Genèse.

Alors que «tenir bon» a la plupart du temps une connotation pénible et laborieuse dans notre langage courant, il me semble que cette expression prend un sens tout à fait positif lorsque nous le comprenons comme étant la responsabilité qui nous est donnée de tenir la création en état de bonté et de beauté. Dieu nous dit: «Tenez bon dans la création»; «tenez la création bonne».

Lorsqu'un homme et une femme s'engagent dans le mariage, nous réentendons cette phrase de la Bible: «Quand Dieu créa l'humanité, il les fit hommes et femmes. À son image, il les créa... Tous deux ne feront plus qu'un».

La mission alors qui leur est confiée est de «tenir bon». Non pas de «tenir bon» au sens de «toffer», mais au sens de conserver en beauté et en bonté leur amour: «tenir bon» leur amour.

Je ne pourrai plus jamais dire à quelqu'un «tiens bon», sans penser à la qualité de vie que je lui suggère. Souhaiter la beauté et la bonté dans une journée, c'est bien autre chose que de lui souhaiter de ne pas manquer de souffle. À chacun, je dis: «Tenez bon»! Vous serez heureux ainsi.

Après la parlotte, le silence

«Bien voyons! leur disais-je, n'est-il pas possible d'aller au restaurant, de prendre un bon repas ensemble et de laisser venir la conversation tout doucement, comme au début de votre mariage?» La réponse ne se fit pas attendre. «Nous avons essayé cela. Pas sitôt entrés au restaurant, que nous voilà avec l'idée d'en repartir. Nous passons de longs moments l'un en face de l'autre, sans rien dire, calculant le temps qu'il faut au serveur à nous apporter les plats et à reprendre nos assiettes vides. Nous n'avons plus rien à nous dire!»

Cette conclusion tombait drue. Elle faisait mal. Alors qu'au temps de la grande «parlotte», les repas n'étaient jamais assez longs pour rassasier le goût qu'on avait de se dire et de s'entendre. Voilà qu'un temps de «grand silence» s'était installé entre les deux époux. Un silence pesant. D'autant plus que la dernière fois, la constatation s'était faite implacable. Au milieu de tous ces couples attablés au restaurant, tous ces couples qui parlaient, riaient, haussaient le ton, un seul demeurait calme, silencieux: eux.

L'épouse avait consulté plusieurs bouquins. Était-ce un mal incurable? Ce manque de communication traduisait-il une certaine incompatibilité de caractère? Pouvait-il y avoir un manque de complémentarité entre eux deux?

«Et si ce n'était que le temps du silence?» suggérai-je. «Excusez la comparaison, mais pour qu'un bon pudding à la vanille prenne forme, n'est-il pas nécessaire qu'après l'avoir bien brassé et agité, il soit placé au repos pendant un certain temps? N'est-ce pas ce temps de silence qui lui donne sa consistance?»

«N'y a-t-il pas ainsi dans la vie humaine des temps de silence qui permettent à toute l'agitation de prendre consistance? Une étape de croissance: un temps où l'on a rien à se dire. Un temps qu'il faut accueillir ainsi. Sans partir en peur. Sans fuir. Sans mettre toutes sortes de bruits ou de musiques pour s'étourdir. Apprivoisant le silence comme un temps de consistance».

L'homme et la femme se regardèrent l'un l'autre, esquissant un sourire: ils n'ont rien dit.

Une vie qui travaille

«Seigneur, Seigneur, n'est-ce pas en ton nom que nous avons été prophètes, que nous avons fait des miracles?...» «Je ne vous ai jamais connus, répond le Seigneur».

N'est-il pas déroutant d'entendre le Seigneur dire qu'il n'a jamais connu quelqu'un, surtout quelqu'un qui prétend avoir orienté sa vie sur son Nom? Déroutant et questionnant.

Ce texte que je puise dans l'Évangile de Saint-Matthieu au chapitre 7, verset 22, nous pose carrément la question suivante: Sur quoi avez-vous bâti votre vie? Quelle sorte de fondements supportent la charpente de votre édifice?

Pour plusieurs, la vie n'est qu'une suite de faux-semblants. On n'en finit pas de peinturer les murs qui écaillent. Pour d'autres, c'est l'anxiété et l'inquiétude qui grugent de l'intérieur. La maison est construite sur le sable; elle est instable au moindre coup de vent; elle est sujette aux crevasses dans les murs. On dit d'elle: «Voilà une maison qui travaille»!

Nous touchons le point: «Une maison qui travaille», ou bien «une vie qui travaille». «Oh! Seigneur, ne vois-tu pas que notre vie est peinturée avec ton nom et que nous cherchons à accomplir tes oeuvres?»... «Oui, de répondre le Seigneur, mais votre vie travaille! Elle est lézardée de toutes parts. Je n'arrive pas à me reconnaître en vous».

«Quelqu'un aura beau replâtrer, changer les fenêtres, peinturer à chaque année; si les fondements sont mauvais, c'est du temps perdu, la maison continuera de travailler. C'est pourquoi, Jésus nous suggère que pour être heureux, «il ne suffit pas de dire «Seigneur, Seigneur», mais il faut faire la volonté de mon Père qui est aux Cieux». «Il faut établir sa vie sur le roc. Il faut river en toutes occasions; il faut l'accrocher à notre poignet pour qu'elle «travaille» avec toutes nos actions; il faut se l'inscrire au front pour qu'elle devienne vraiment nôtre et que l'on puisse dire, à la suite de Saint-Paul: ce n'est plus moi qui travaille, c'est «le Christ qui vit en moi».»

Photo sur la fesse

Ce père de famille était manifestement fier de son grand garçon devenu médecin cardiologue. «Un des meilleurs, me dit-il. Il s'est spécialisé aux États-Unis et en Europe, dans les vieux pays». Et puis, tous les hauts faits liés à la qualité de son fils «spécialiste en cardiologie», s'ensuivirent.

À un moment donné, ce père me dit: «Vous devez le connaître, vous avez dû le rencontrer un jour!» Il sortit de la poche arrière de son pantalon, un portefeuille noir, arrondi, un peu défraîchi. Il l'ouvrit précautionneusement, y glissa ses doigts plissés et en sortit une photo jaunie sur laquelle il me désigna son garçon. J'étais un peu mal à l'aise de tenter une reconnaissance quelconque à partir d'une photo ancienne représentant des enfants âgés d'au plus une dizaine d'années. Je blaguai un peu sur ce fait, mais je me trouvai rempli d'admiration devant la constatation que pour cet homme au coeur fier et heureux des succès de son fils, la vraie vérité résidait dans cette photo «éternelle» où l'âge ne compte plus: seul importe le tendre lien de filiation qui s'incrustait dans ce document arrondi par l'âge et sa position sur la fesse droite.

Il y avait donc deux façons de parler de son enfant. Une première, liée aux goûts du jour avec les réussites, les admirations officielles, les diplômes-èssociétés dont, bien sûr, tous reconnaissent les mérites, mais aussi une deuxième liée au secret du coeur, au sentiment derrière et avant les diplômes et les succès, fondée sur la gratuité et la grandeur du lien parent/enfant.

En tenant la photo comme un trésor que l'on dévoile minutieusement, ce père de famille me révélait encore une fois que dans le coeur de Dieu, il y a une photo de chacun de nous, belle et éternelle, préférée entre toutes celles qui parlent de nos réussites officielles, parce que, seule, elle livre le secret de l'amour qui donne la vie.

J'imagine que le spécialiste en cardiologie voudra changer la photo que son père possède de lui, pour lui en remettre une plus ressemblante, plus à son avantage! Mais au fait, quelle photo peut être plus «à son avantage» que celle arrondie par la fesse de son père et qui dit l'amour inconditionnel et sans âge?

Tous à table

Est-ce que tout le monde peut s'approcher de la table de l'Eucharistie? Voilà une question délicate. La réponse paraissait plus facile, il y a quelques années: «Oui! Sauf ceux qui sont en état de péché mortel». Or, la limite et la notion de péché mortel ne sont pas accueillies par tous les chrétiens de la même façon et la compréhension même de la table de l'eucharistie semble avoir évolué.

Prenons ce dernier point. Si l'on considère Dieu comme étant un juge juste mais sévère, il est clair que l'accession à sa table est liée à une justesse de comportement, disons d'état de grâce, qui rencontre ses exigences. Par contre, si Dieu est vu comme le Père compatissant et miséricordieux, sa table devient large, ouverte, liée en cela à la reconnaissance du coeur qui est sincère et désireux de toujours mieux faire.

La prière dite avant la communion est significative: «Seigneur, je ne suis pas digne de te recevoir, mais dis seulement une parole et je serai guéri». En outre, la parole prononcée par le prêtre en présentant l'hostie: «Heureux les invités au repas du Seigneur», ne saurait être restrictive à quelques membres privilégiés de l'assemblée.

S'approcher de la table de l'eucharistie, c'est poser un geste de foi. Jésus lui-même affirme: «Personne ne peut venir à moi si le Père qui m'a envoyé ne l'attire vers moi». Or, se laisser attirer vers Jésus, c'est vivre de la foi, c'est communier à sa vie, à son Esprit, c'est se laisser transformer par Lui. C'est accepter de prendre à son compte la réalisation du Royaume de Vérité et de Justice qu'Il est venu instaurer.

Au lieu de nous demander si nous pouvons nous approcher de la table de l'Eucharistie, si nous en avons le privilège, il vaudrait mieux vérifier si, en nous approchant de la communion, nous sommes prêts à répondre à la vocation du Seigneur: «Veux-tu venir à ma suite?» La communion devient alors un chemin de conversion et de rencontre privilégiée avec le Christ.

Amoureux en appel

À un jeune couple se préparant au mariage, je présentais le sens de leur démarche comme étant le fruit d'une vocation, c'est-à-dire un appel. Aussi bien l'appel qu'ils se sont lancés l'un à l'autre que l'appel non moins vrai venant de Dieu.

Il est clair qu'un homme et une femme se lancent de multiples appels durant le temps de leur fréquentation. Au sens propre comme au figuré, car combien de lignes téléphoniques familiales sont immobilisées pour cause «d'amoureux en appel». Chaque couple développe sa manière propre de s'appeler: l'une sera plus sophistiquée ou secrète, l'autre plus directe ou tranchante.

C'est toujours une forme d'appel ou de vocation que de suggérer à quelqu'un de partager un bout de chemin avec soi. C'est certes une vocation importante que de proposer à quelqu'un de partager, pour la vie, le meilleur et le pire, dans l'espérance profonde de se rendre heureux mutuellement.

À partir du moment où les amoureux ne s'appellent plus, où il n'y a plus de vocation, l'amour commence à se refroidir. Constatons que toute vocation, au sens d'appel amoureux vis-à-vis quelqu'un d'autre, est toujours une invitation au dépassement. Alors, quand un conjoint ne trouve plus le moyen d'inviter l'autre au dépassement, c'est qu'il y a des «troubles sur la ligne» quelque part.

Dieu invite ainsi des hommes et des femmes, jeunes et moins jeunes, au dépassement. La vocation comprise du côté de Dieu est sans cesse un appel amoureux. Un appel à ne jamais se satisfaire de ce qui est éphémère, transitoire, égoïste, repli sur soi, mais plutôt à partager le bonheur véritable, qui se trouve dans le don de soi par amour.

Comme tout amoureux, Dieu profite de toutes les occasions pour manifester son appel. Et si, en définitive, la vocation qu'il propose passe toujours par le chemin de Jésus, c'est que Lui seul offre la garantie que nous sommes dans le vrai et le durable.

Il est donc tout à fait à propos de parler de vocation pour l'appel amoureux qui implique une relation transformante entre deux personnes. Il n'est pas question ici de «ligne engagée», mais plutôt de personnes engagées.

Pour voir la vie

Seigneur accueille les mots de cette prière de vacances. Oh! les jours sont bons, surtout ceux qui nous permettent de goûter et de voir la vie.

Les jardins frétillent devant nos yeux. Ils se chargent et s'alourdissent au point qu'en certains moments, franchement, c'est trop. Serait-ce une image qui pourrait nous parler de l'abondance du Royaume? Ne nous dis-tu pas que l'abondance coulera dans ta maison: toutes sortes de bonnes choses, à longueur de jour, comme si la vie n'en finissait jamais de se réinventer.

Les enfants font déborder la vie qui est en eux. Comment font-ils pour ne jamais s'arrêter? Franchement, parfois, ils en deviennent étourdissants. Serait-ce également une image de ton royaume? La vie est tellement abondante en eux qu'elle rejaillit? Oh! s'ils savaient y mettre la mesure parfois, ce serait préférable, mais ne vaut-il pas mieux contempler l'énergie qui les pousse à la vie «en abondance» que de les mettre au crochet pour qu'ils ne dérangent pas! N'as-tu pas voulu toi-même te permettre d'être revigoré par la vie des petits enfants autour de toi? Au fait, Seigneur, tes disciples ont-ils retrouvé le sourire après que tu les eus grondés parce qu'ils voulaient empêcher les enfants de t'approcher?

Tout nous parle de vie. La nature, les voyages, les amis qui se retrouvent, notre corps et notre esprit qui refont leurs forces. Bien sûr, tout nous parle de vie, à condition que nous regardions dans la bonne direction.

Seigneur, apprends-nous à prendre le temps de regarder, d'écouter, de sentir, de goûter, de toucher ce qui porte la vie et qui émane de ta toute-puissance. Apprends-nous à contempler et à cueillir les joies saines et pures, semées à profusion dans les sillons de la vie, et qui émanent de ta toute-puissance. Apprends-nous à révéler la vie qui en nous et par nous ne cesse de porter fruits, un fruit qui demeure et qui émane de ta toute-puissance. Apprends-nous à dire la vie qui est Amour. Alors, à notre contact, tous reconnaîtront que la vie est belle et bonne.

Routine au pied du lit

Quand, dans notre monde devenu très sécularisé, nous voyons des personnes se rassembler pour vivre une messe, soit celle de la Saint-Jean ou tout autre, d'aucuns demeurent étonnés et se demandent quelle conviction est présente dans ce geste. Surtout que les gestes posés avec conviction sont toujours dérangeants.

À preuve, ce témoignage d'un jeune garçon de dix-huit ans qui me disait avoir pris conscience, pour la première fois, il y a quelques jours, que son père et sa mère se mettaient ensemble, à genoux près de leur lit, pour faire leur prière du soir. Ce jeune était bouleversé. Pourtant, il voit ses parents fréquenter régulièrement l'église paroissiale et participer à un mouvement de laïcs engagés en Église. D'où vient donc l'étonnement?

Les gestes extérieurs de pratique religieuse sont certes révélateurs de nos convictions profondes. Cependant, une habitude, une routine peut s'installer et faire en sorte que la conviction ne soit pas toujours aussi apparente. Et là-dessus, certains jeunes sont des critiques sévères: «Tu vas à la messe parce qu'un jour tu t'es «programmé» de telle façon et tu ne te poses plus aucune question».

Le jugement n'est pas toujours juste, mais il est là. Ce jeune avait d'autant plus de facilité à projeter une mécanique d'habitude chez ses parents qui vont à la messe toutes les semaines, que lui-même s'appréciait, atteint de ladite routine sans conviction: «Je vais à la messe parce que, voyez-vous, chez nous, nous allons à la messe!» Et le raisonnement de se compléter clairement: «Comme je vais à la messe par routine, tout le monde, y compris mes parents, doivent donc y aller par routine.»

Voilà précisément le point d'étonnement. Ce jeune n'arrivait pas à situer la même routine, au pied du lit, dans la chambre à coucher. Et de constater que ses parents, sans tambour ni trompette, dans le silence de leur intimité, faisaient leur prière ensemble, avaient l'heur de bousculer tous ses schèmes établis de «routine sans conviction». Ce jeune n'était pas placé devant un raisonnement: faut-il ou ne faut-il pas aller à la messe, ou prier, ou quoi encore! Il se trouvait devant ses parents, en prière. Et lui-même d'ajouter: «y a d'quoi là-dedans».

Société à dose d'humanité

Quelques jours avant la publication du budget fédéral, les Chefs des Églises chrétiennes ont publié une note insistant sur trois points très précis: la pauvreté, le chômage et l'inégalité entre les citoyens et citoyennes. Cette déclaration est passée inaperçue. J'aimerais présenter ces quelques réflexions.

Toute politique économique s'inspire de principes et de philosophie. Se peut-il, cependant, que dans notre projet de société, on établisse des plans économiques qui «sacrifient» une partie de la population, en fabriquant des chômeurs pour un temps stratégique, le temps que la roue de l'économie recommence à tourner? Il est probable que des économistes et des politiciens bien intentionnés justifient de bien des façons une politique en ce sens.

Cependant, pour quiconque prend le moindrement l'Évangile au sérieux et l'attitude de prédilection pour les plus démunis et les plus pauvres dont cette Bonne Nouvelle fait part, il n'est pas question d'envisager, même une minute, une telle voie de solution aux problèmes économiques actuels. Et à celui qui prétend à mon ignorance des choses économiques, je réponds que ma foi en la faculté d'invention de l'esprit humain fait honneur à nos experts «politico-économistes» de savoir trouver des solutions qui n'ont pas encore été trouvées et qui sont à inventer.

Immédiatement liée à la question de la pauvreté est celle du chômage. Bien sûr, la solution est complexe. Il n'en demeure pas moins que des priorités doivent guider les politiques gouvernementales. Le travail apparaît comme un bien nécessaire à l'épanouissement de la personne humaine. Un travail qui donne fierté et duquel découle la capacité de «subvenir à ses besoins». L'argent qu'un travail rémunéré génère, n'a pas la même odeur que celle des chèques de Bien-Être social. Enfin, autre principe important: les emplois qui grandissent la personne humaine ne sont pas ceux que suscite l'industrie des armements, si lucratifs qu'ils soient. On ne construit pas une société en travaillant à en détruire une autre.

Pauvreté et chômage, nous le savons, se conjuguent avec la dignité de la personne humaine. Il n'est pas tout d'écrire dans une charte que nous sommes tous égaux en droits, des mesures concrètes doivent le démontrer. Là-dessus, tout ne revient pas aux gouvernements. Pourtant, il serait intéressant qu'au strict plan économique, un gouvernement s'intéresse à promouvoir un système d'imposition progressive pour les mieux nantis et à garantir un revenu de base annuel, suffisant pour chaque citoyen. Impossible et utopique! crieront d'aucuns. Il n'en reste pas moins que les Actes des Apôtres nous rapportent un système de partage qui semblait fonctionner assez bien au début de l'Église et que, par ailleurs, les mécanismes d'entraide sociale que nous avons présentement n'existaient pas. Il y a quelques années, il a fallu les inventer. La vraie question est celle-ci: Quel degré d'humanité voulons-nous donner à notre projet de société?

Responsable d'un avortement

Aujourd'hui comme hier, mettre un enfant au monde, c'est un geste qui dérange toute une vie, qui oblige une orientation de vie. C'est une vocation qui vient des entrailles mêmes de la femme. D'un geste qui est posé en un instant, il y a des conséquences ... pour neuf mois, vingt ans d'éducation et toute la vie. Mettre un enfant au monde, c'est donc un geste qui dérange, qui prend presque toute la place et qui est lié à la durée.

Mais mettre un enfant au monde, c'est un geste qui suppose un appui, un vis-à-vis, un côte-à-côte. L'instant de communion entre un homme et une femme, cet instant qui devient fécondeur, a besoin dans sa vérité d'être préparé, d'être apprivoisé et d'avoir un suivi. C'est dans l'amour et le respect mutuel d'un homme et d'une femme que la vie se donne. Et c'est dans l'amour qui est co-responsable que des parents guident leur enfant jusqu'à l'âge adulte. J'aime beaucoup cette phrase que me disait une jeune femme enceinte: «Je porte mon enfant, mais je ne me suis jamais sentie portée comme cela par mon mari!»

Donc mettre un enfant au monde est un geste qui suppose la durée et exige un appui. Mais alors? Oui, quand dans la vie d'une femme enceinte, elle constate qu'il n'y a pas d'appui, de support pour porter cet enfant, ou bien quand une femme enceinte constate que, pour elle, il n'y a pas de place pour la durée et pas de place pour la transformation que cette naissance exige... faut-il jeter la pierre? Toutes ces femmes qui vivent l'avortement sont-elles toutes et entièrement responsables, seules, de leur geste? Et que dire de tous ces jeunes, garçons et filles, pour qui l'éducation à l'amour consistent en une recherche de bien-être personnel et à l'exercice d'une liberté qui, mal comprise, aboutit à faire de l'amour une utilisation égoïste de la vie, plutôt qu'une recherche de création et de don de la vie?

Il est beau le slogan: «Mon corps m'appartient»! Il est vrai cependant dans la seule mesure où il se met au service de la Vie. Autant mes mains, mes pieds, mon ventre sont mon corps et si je les détourne de la fonction suprême d'être dédié à la vie, sous toutes ses formes, ils défont un peu de la Vie et finiront par ne plus avoir de sens.

Nous sommes tous responsables du don de la vie, à différents degrés. À ce titre, nous sommes partenaires de Dieu dans l'oeuvre de la création.

À cause de moi, aujourd'hui, la vie se développe, elle continue et s'embellit. Si une femme se fait avorter, j'en suis aussi responsable.

En face du don de la vie, nous devons réinventer le sentiment d'action de grâces. Les femmes, surtout, doivent se réapproprier en leur corps les joies et le bonheur du don de la vie et elles doivent en témoigner. Premiers témoins de la vie qui appelle sans cesse un dépassement et oblige presque à la grâce, elles ont ce charisme de donner à notre monde une touche de reconnaissance et de sain émerveillement.

Jeune et nul

«Les jeunes ont un sentiment de nullité!» Entendue de but en blanc, cette affirmation me fit sursauter. Premièrement, tous les jeunes ne sont pas à mettre dans le même panier. Mais, deuxièmement, beaucoup de jeunes ressentent une impression de malaise qui, au fond, pourrait bien s'apparenter à un sentiment de nullité. C'est grave!

Et pourtant, les jeunes ne sont-ils pas devenus dans plusieurs familles, le point de mire, le symbole du monde actuel? Plusieurs adultes de notre génération, dont la jeunesse fut pénible et laborieuse, n'ont-ils pas choisi de privilégier leurs enfants des avantages dont ils avaient toujours rêvé, étant jeunes? Regardons cela de plus près.

Le adultes ont pensé qu'en privilégiant beaucoup les jeunes par toutes sortes de marques d'attention, notamment en leur donnant beaucoup de facilités et de biens matériels, ils leur feraient prendre conscience de leur importance et de leur valeur. Mais, au bout du compte, force est de constater le résultat contraire. Les jeunes ayant reçu trop facilement et trop gratuitement n'ont pas acquis le sens vrai de leur valeur: valeur liée à l'effort et à la fierté de soi. De plus, les jeunes ayant acquis le sentiment de leur propre valeur, du seul fait de leur jeunesse, se trouvent dépourvus lorsque celle-ci les abandonne ou bien quand ils doivent se confronter adolescents à l'obligation de «tomber dans le monde des adultes».

Très souvent, devant l'obstacle, le jeune perd contenance. Il n'a pas fait l'inventaire des bases concrètes sur lesquelles il peut appuyer sa confiance en lui-même. Il s'effraie devant l'obligation de chercher en lui-même les forces nécessaires pour vaincre la difficulté et bâtir son avenir.

La plus grande difficulté mais également le plus grand service qu'un éducateur adulte peut rendre à un jeune est de lui permettre de prendre conscience de ses propres capacités, de ses richesses intimes, qui sont bien autre chose qu'apparence extérieure ou vain cabotinage.

Certes, notre société oblige à réinventer les modèles de comportements sociaux, quand ce n'est pas à accepter la nécessaire cohabitation de plusieurs modèles différents. Une chose demeure cependant comme une règle d'or de la formation des individus: les personnalités s'épanouissent dans la mesure où elles s'investissent. C'est la bonne sagesse durable de l'Évangile qui invite à se dessaisir de sa propre vie pour finalement la gagner vraiment.

Jeunes en Église

«Les jeunes sont mal à l'aise dans l'Église, mais ils se sentent bien avec le Christ»! «L'Église a perdu le contact avec les jeunes».

J'avoue être assez d'accord avec ces affirmations. Si on cherche des statistiques de participation des jeunes à la vie de l'Église, il est gros à parier que ces chiffres indiquent à peu près la même proportion de «pratique» que celle notée chez leurs parents: de 15 à 20%. Certes, les cadres familiaux, scolaires et sociaux n'embrigadent plus les «jeunes». Souvent laissés à eux-mêmes, ils se confrontent à un héritage de société et de valeurs qui, trop souvent, ne répond pas à leurs aspirations. Aussi, rejettent-ils d'emblée les structures dites traditionnelles et les dogmes jugés éternels.

Habitués qu'ils sont de voir s'effriter sous leurs pieds tout ce que leurs devanciers ont construit pour eux, y compris les valeurs religieuses et familiales, les jeunes veulent toucher du doigt et s'assurer par eux-mêmes de la solidité des principes qui guideront leur vie. Faut-il leur en tenir rigueur? Absolument pas. Il importe plutôt de prendre conscience du poids de responsabilité qui leur incombe.

Car, pour eux, sur bien des fronts, l'avenir est bloqué: quelle orientation professionnelle envisager si elle conduit inéluctablement au chômage? Quelle orientation de vie envisager si les adultes qui la portent aboutissent à l'échec? Quelle sagesse accepter si les personnes âgées qui l'ont transmise sont emmurées dans leur silence et rendues inutiles à la société? Rien ne doit nous surprendre des cris nombreux qui montent du jardin de la jeunesse. Ne sont-ils pas comme «des brebis sans berger»?

Oui, les jeunes ont soif de vérité! Oui, ils ont soif de sagesse! Je dirais même qu'ils ont soif de religion. D'une religion cependant qui les «relie réellement à Dieu». Une religion qui, plutôt qu'un dogme, présente des pasteurs selon Jésus: qui écoutent, accompagnent et savent interpeler. «Vois les leçons de la vie, dit Jésus: les lys des champs, l'obole de la veuve, l'enfant prodigue; et puises-y sa sagesse... mais désalourdis-toi le coeur et suis-moi»! Des pasteurs qui s'appellent papa et maman, mais aussi tel professeur, tel prêtre, tel entraîneur sportif, tel chef de mouvement.

L'église sera d'autant à l'aise avec les jeunes qu'elle aura l'image de ces pasteurs. Avec, en plus: l'audace du matin de Pâques. Bien des adultes y retrouveraient goût!

Pour vivre d'amour

«Dieu créa l'homme à son image, à l'image de Dieu il le créa, homme et femme il les créa». (Gen. 1,27). C'est pourquoi l'homme quittera son père et sa mère pour s'attacher à sa femme et les deux ne feront qu'une seule chair». (Matthieu 19,4).

Ces deux passages de la Bible servent actuellement de base à la réflexion de plusieurs jeunes couples qui se préparent au mariage. Une soif presque intarissable de découvrir et de dire le sens de ce grand événement qu'est l'amour entre deux personnes.

La possibilité actuelle du mariage civil nous fait comprendre mieux que «se marier» est un geste tout à fait humain, un contrat, un statut que l'on acquiert par reconnaissance de droits et devoirs. Par contre, l'amour qui est présent dans l'engagement du couple appelle, lui, une reconnaissance particulière, un traitement de faveur. Il n'est jamais possible de lier l'amour à un contrat. L'amour est au-delà des signatures. L'amour se lie à une personne, à une vie.

Quand un jeune couple présente son amour à Dieu et le lui confie, il reconnaît du coup que le véritable sens de l'amour, c'est en Dieu qu'il se trouve; et que, la seule fidélité qui est digne d'un grand amour, c'est celle de la vie même de Dieu. Lorsque l'Église affirme que le mariage a été élevé à la dignité de sacrement, c'est cette vérité très grande qu'elle annonce: Vivre d'amour, c'est vivre de Dieu.

Une autre dimension très grande du sacrement de mariage que les couples redécouvrent, c'est que s'engager devant Dieu, c'est engager Dieu.

En reconnaissant par la bouche du prêtre et de la communauté la validité d'un engagement d'amour, Dieu se porte garant d'une présence et d'une assistance exceptionnelles.

C'est peut-être ce qui faisait dire à un jeune futur époux: «Je suis tellement convaincu du OUI, que je vais dire que je veux que ce soit Dieu lui-même qui le dise avec moi; comme cela, il n'y a rien qui va jamais le briser».

De quel amour vous chauffez-vous?

Oui, c'est vrai! Quand vous vous êtes mariés, avez-vous décidé de former une compagnie, une agence sentimentale, un régime de bien-être ou bien un foyer? Car à y regarder de près, ces différentes façons de vivre l'amour existent.

Sans trop s'en rendre compte, un homme et une femme décident de se marier et se retrouvent comme des partenaires dans une compagnie: tu apportes ton argent, j'apporte le mien... nous amassons le plus possible, nous investissons et nous dépensons. Pourtant, ce n'est qu'une facette de l'amour qu'ils apprennent à vivre ainsi, car «nul ne peut servir deux maîtres; tôt ou tard, il en méprisera un et haïra l'autre».

D'autres couples décident de mettre en application toutes les bonnes astuces d'une agence sentimentale. Beaucoup de fantaisie et beaucoup d'imagination. On s'oblige à respecter la liberté de l'autre jusqu'au point qu'il peut trahir la fidélité conjugale, si jamais le coeur lui en dit. Pourtant, ce n'est là qu'une facette de l'amour, car l'amour suffit à lui-même, et comme dit Khalil Gibran: «L'amour, s'il nous trouve digne dirigera notre cours».

Il y a des couples qui ont décidé de s'unir, semble-t-il, pour faire un peu comme tout le monde et pour se donner à chacun des partenaires, un bon régime de vie, style «tu fais mon café, je sors les poubelles». Un régime de bien-être où les frais du loyer sont moins onéreux parce qu'on les partage, les soirées moins longues parce que quelqu'un écoute ce que l'on dit, les voyages plus agréables et moins fatigants parce qu'on est deux. Pourtant, ce n'est là qu'une facette de l'amour, car l'amour est bien au-delà d'un contrat de «donnant-donnant»; l'amour s'oublie et se donne: «il n'y a pas de plus grand amour que de donner sa vie pour ceux qu'on aime».

Il y a enfin des couples qui décident de fonder un foyer. «Tous les deux quitteront père et mère et deviendront une seule chair: ils ne seront plus deux, mais ils ne feront qu'un.» Ce sont des couples souvent sans histoire qui décident de donner la vie parce qu'ils aiment la vie. Des couples qui font confiance à l'Amour et qui acceptent d'avance avec sérénité «le meilleur et le pire». La grande qualité de l'amour qui anime ces couples est d'être tourné vers l'autre alors que dans chacun des cas précédents, l'amour n'est souvent qu'une occasion pour satisfaire son égoïsme.

Donc, quatre types d'amour, mais un seul convient réellement pour un foyer.

De quel amour vous chauffez-vous?

«L'imitation de Jésus-Christ»

J'aurais eu vraiment le goût de lui dire: «Je n'ai jamais vu une telle foi... en Israël» (Luc 7,9). Cet homme que j'interviewais et qui acceptait de partager avec moi un peu de son paysage intérieur et de sa spiritualité venait de me citer par coeur quatre conseils de sérénité contenus dans l'*Imitation de Jésus-Christ.*

Ce qui m'étonnait, n'était pas tellement le fait qu'il trouvât dans ce volume la nourriture spirituelle pour guider sa vie, mais qu'il venait juste de me confier qu'étant divorcé et remarié, il avait pris ses distances de la pratique sacramentelle et de ce qu'il appelle «l'Église réglementée».

Cet homme en face de moi, me rappelait le centurion en face de Jésus; c'était également la Samaritaine ou bien Zachée. Bien sûr, toutes ces personnes du temps de Jésus ne lisaient pas l'*Imitation de Jésus-Christ* mais ils en vivaient déjà en cherchant à travers les hauts et les bas de leur vie, une libération à leur soif de bonheur. Ils en vivaient déjà en voulant correspondre du mieux de leur possible, à la «vérité de l'existence» qui se faisait jour en eux.

Bien loin de moi l'idée de juger cette démarche et d'établir qu'elle n'est pas correcte et qu'elle n'entre pas dans les limites des créneaux légaux établis par les lois religieuses. Jésus ne l'a pas fait, moi non plus. D'ailleurs, sur ce point, Jésus s'en est plutôt pris aux «orthodoxes religieux» de son temps, les Pharisiens, en leur soulignant que tout en étant conforme à la loi, leur action était en désaccord avec leur coeur.

Voilà le point essentiel: la conformité de notre action avec la vérité de notre coeur. Cet appel est toujours actuel et pour tous: les pratiquants, les marginaux, les bien pensants et les autres. S'il existe des lois, c'est pour nous aider à y tendre et non pour nous classer en bons, moyens et passables. La loi est un guide, non un miroir car il risque d'être déformant.

Ah oui! les quatre conseils de l'*Imitation de Jésus-Christ* sont les suivants: 1) faire la volonté d'autrui plutôt que la sienne; 2) choisir d'être le dernier plutôt que le premier; 3) souhaiter toujours avoir moins que plus; 4) désirer que la volonté de Dieu s'accomplisse en moi. L'*Imitation de Jésus-Christ* selon moi, ne doit pas créer de frontière entre nous.

Imagination ou inspiration

Comment prouver que c'est bien Dieu qui m'inspire et que ce n'est pas le simple fruit de mon imagination? Se pourrait-il que je me fasse des «accroire» qui aillent dans la ligne de ce qui me fait du bien? Est-ce bien vrai que Dieu s'occupe de moi et qu'il est présent dans ma vie?

Disons tout de suite qu'il est presque impossible de prouver l'intervention ponctuelle de Dieu dans notre vie. C'est le fait du miracle et l'on sait que même les miracles ne sont pas «crus» par tous. Reste néanmoins que toute personne croyante se trouve capable d'affirmer qu'en un moment précis de sa vie, Dieu s'est manifesté. Ce sera une solution inattendue, une parole appropriée, une visite réconfortante, une sérénité inexpliquée, une inspiration juste.

Ces inspirations ne se prouvent pas; elles se constatent. Elles ne s'étiquettent pas d'elles-mêmes comme étant de source divine; elles reçoivent plutôt de notre foi la reconnaissance d'être une manifestation de la prévenance de Dieu pour nous.

Personnellement, je n'ai aucune pudeur, au contraire, à affirmer que Dieu se sert de mon intelligence, de mes émotions et de mon imagination pour se manifester à moi. Et plus, je me rends disponible à l'action de Dieu dans ma vie. Plus je fais silence en moi et autour de moi, plus je constate sa présence. Il y a pour chacun de nous comme un «jardin secret» où se nourrit le dialogue avec Dieu et où grandit son amitié.

Encore une fois, rien de cela ne se prouve hors de toute doute. Reste cependant que certaines inspirations ou certaines «manifestations-de-Dieu-pour-nous» ont, dans la foi, une certitude plus grande que tout ce que pourraient procurer les preuves humaines.

Depuis notre baptême, depuis notre mariage, notre ordination sacerdotale ou tout engagement important où nous avons voulu impliquer Dieu, s'est constitué en nous et autour de nous une zone d'intimité avec Dieu. Appelons cela environnement spirituel ou écologie de la grâce, peu importe: la vérité est là. Si cette zone est polluée, même Dieu s'y étouffe; si, au contraire, elle est aérée et libre, Dieu s'y reconnaît facilement.

Les valeurs de mémère

Mère de sept enfants, militante sociale convaincue, chrétienne pratiquante, elle est de celles qui croient mordicus à l'action du Saint-Esprit. «Imaginez-vous» me dit-elle, qu'avant d'entreprendre ma journée ou bien avant toute action importante, je fais une prière à l'Esprit pour qu'il m'éclaire et m'inspire des choses pas trop sottes». Et elle continue: «quand je parle de cela à mes petits enfants, j'ai l'impression d'être une «mémère» qui leur parle de vieilles, vieilles affaires».

Cette femme se désolait de constater la pauvreté d'esprit et de valeurs chrétiennes chez ses petits-enfants. Pourtant, elle avait toujours essayé d'inculquer à sa famille sa conviction profonde et sa manière toute simple de vivre en constante relation avec Dieu. Que s'est-il donc passé?

Une première constatation à faire est la reconnaissance que les convictions, surtout celle de la foi, ne s'imposent pas d'une génération à l'autre. Même, il s'agit de trop forcer parfois, en disant par exemple «tu devrais faire ceci ou cela» pour qu'un blocage apparaisse. En matière d'Esprit, les courants sont difficiles à canaliser.

Ensuite, force est de découvrir à quel point l'Esprit véhiculé dans une famille chrétienne s'affronte à l'esprit séculier. Tous vents de tempêtes du marketing, des idées à la mode ont vite fait d'ébranler les convictions chancelantes encore mal assumées.

Pourtant vient un temps où avec l'âge adulte apparaît le goût d'avoir une personnalité autonome, avec des valeurs reconnaissables. C'est là, souvent sans trop s'en rendre compte, que l'on va puiser à la source. Peut-être même dans les valeurs de mémères.

Les valeurs de «mémères» connaissent certes des périodes de mise au congélateur. Mais, même en les décongelant après plusieurs années, elles ne perdent jamais de leur saveur. L'étiquette «mémère» en aura pris un coup, pas le goût. C'est ça qui est bon!

Première et deuxième vue

Quand les Pharisiens et les Publicains voyaient Jésus manger chez des pécheurs publics, guérir un malade le jour du sabbat ou bien apostropher un Scribe sur sa façon d'interpréter la loi, ils concluaient rapidement par une condamnation sommaire: Jésus est un imposteur car il n'obéit pas à la loi; c'est un impur! Quand, par ailleurs, Saint-Paul parle des biens du Royaume et des valeurs spirituelles, il nous dit que nos yeux de chair n'arrivent pas à bien voir et discerner ce qu'elles sont vraiment, comme si nous étions enténébrés.

À première vue, nous ne voyons souvent que le superficiel, l'enveloppe des choses et des personnes. Nos préjugés, nos émotions émoussées provoquent même des distortions dans notre perception.

Avez-vous remarqué que le fait de changer de milieu permet parfois d'être accueilli de façon tout à fait différente, justement parce que les personnes ne posent pas le même regard sur nous! N'ayant pas la même expérience, le même conditionnement, elles n'ont pas la même perception. En fait Saint-Thomas avait bien raison de dire que c'est notre façon de voir et de percevoir une chose qui lui donne sa valeur à nos yeux.

Pourtant, la valeur d'une personne ne se limite pas à la perception qu'on en a. Entendons-nous bien: la personne qui est vis-à-vis de nous et la personne qui est soi-même. Car combien de personnes dont la perception qu'elles ont d'elles-mêmes est tout à fait contredite par le regard que d'autres portent sur elles. C'est presque une révélation à chaque fois. «Bien, je ne pensais pas que j'avais ces qualités là»!

Il n'est certes pas facile d'arriver à une sécurité certaine dans la compréhension d'une personne. L'aurions-nous trouvée, qu'il faudrait se remettre en état de tout recommencer car chacun évolue avec le temps.

Alors que faire? Se décourager de ne jamais arriver à bien connaître quelqu'un? Non. Jésus nous donne une approche à suivre.

Tout d'abord jeter un regard de bienveillance, faire confiance. C'est le regard de Dieu, car il sait notre dignité d'«enfants de Dieu»; discerner ensuite ce qui est façade ou intérieur; on reconnaît un arbre à ses fruits. C'est donc à la longue, avec patience qu'on recueille la valeur profonde d'une personne. S'obliger parfois à une action de rapprochement pour mieux voir quelqu'un agir «chez lui». C'est ce que Jésus a fait en allant manger chez Zachée, Lévis, Marie-Madeleine. Enfin, ne jamais porter de jugement définitif sur quelqu'un, même pas sur soi: toute personne est capable de recommencement, de pardon, de vie nouvelle. La «première vue» a donc besoin d'une deuxième, plus en profondeur.

Huile à vendre

Dans une rencontre télévisée en compagnie du cardinal Paul-Émile Léger, je lui demandais comment il se faisait qu'il puisse regarder sa vie du haut de ses quatre-vingts ans et conserver sa sérénité, sa joie, alors que bon nombre de personnes dites de l'âge d'or sont inquiètes, souvent même angoissées.

«À quatre-vingts ans, me répondit-il, alors qu'on se retourne pour regarder en arrière, on peut voir tous les sommets qui ont été atteints comme aussi les ombres des vallées. Les sommets sont des apogées. Je crois, cependant, que l'essentiel réside dans cette richesse du coeur que j'ai obtenue par un service désintéressé du Seigneur.» Et le Cardinal poursuivra en me disant comment les grands moments d'intimité entre deux amis finissent par fondre l'union de deux âmes. Ce sont ces instants privilégiés, vécus avec Dieu qui, au bout du compte, demeurent et rafraîchissent le coeur jusque dans les moments les plus avancés en âge.

Ces propos que je rapporte sans utiliser les mots mêmes du Cardinal, me convainquent de la justesse de la parabole des dix jeunes filles dont cinq prévoyantes s'étaient munies d'une bonne quantité d'huile pour attendre l'époux alors que cinq autres insensées n'avaient rien apporté. N'est-ce pas le lot de plusieurs personnes de notre génération que de se retrouver au bout d'un certain nombre d'années le coeur sec, l'âme vague, l'esprit désabusé? Pour reprendre les mots de la parabole, il faudrait dire «se retrouvant sans huile pour maintenir leur lampe allumée».

Certes, il est toujours possible de quémander l'huile des autres, comme le font d'ailleurs les filles insensées: «donnez-nous de votre huile car nos lampes sont éteintes». Comme aussi on pourrait faire en enviant la sagesse et la sérénité de certaines personnes âgées telles le cardinal Léger. Le partage alors consiste à renvoyer chacun à ses responsabilités. En leur disant, par exemple: «Cette sagesse, elle vous est toujours possible et je l'espère pour vous; mais je ne peux pas en prendre la responsabilité à votre place. Il faut que vous vous resituiez face à vous-même, votre vie et face à Dieu. Il y a des étapes d'intimité et de reconnaissance mutuelle qui n'ont pas été vécues. Dieu est toujours prêt pour vous accueillir, vous l'ouvrier de la onzième heure, mais vous, êtes-vous prêt à le rencontrer? En d'autres mots, êtes vous prêt à réorienter votre bonheur actuel pour le situer dans la sagesse que donne l'amitié vigilante avec le Seigneur? Peut-être est-il grand temps que vous retourniez au magasin vous procurer de l'huile!

Pasteur trop épais

L'Apôtre Pierre venait de rencontrer le boîteux de la Belle Porte, près du temple. Celui-ci mandiait. Pierre lui dit: «Je n'ai pas d'argent, mais ce que j'ai, je te le donne: au nom de Jésus-Christ, le Nazaréen, marche!» Et l'homme recouvra la santé. Tous le reconnaissaient bien et étaient stupéfaits de le voir bondissant et louant Dieu. Les yeux se tournèrent alors vers Pierre et Jean.

C'est Pierre qui prit la parole: «Mais qu'avez vous donc à nous regarder comme si c'était par notre propre puissance ou par notre piété personnelle que nous avons fait marcher cet homme? C'est Dieu qui a ressuscité Jésus... et la foi qui vient de Jésus a rendu à cet homme toute sa santé, en votre présence à tous».

Pierre intervenait parce qu'il sentait qu'on le prenait presque pour un demi-dieu. Il ne voulait pas que l'action de Dieu qui venait de s'accomplir s'arrêta sur sa personne à lui. Il fallait qu'il prenne ses distances pour être témoin, lui aussi, des merveilles de la grâce. En un sens, il en était l'occasion; il n'en était pas la source.

C'est bien le propre de l'action du pasteur qui, prononçant les paroles incommensurables de «Ceci est mon corps» ou bien de «Je te pardonne tes péchés», se retire et finit par disparaître pour laisser toute la place à Dieu. La grandeur du pasteur, c'est de se faire petit pour laisser se réaliser la rencontre ultime et vraie avec Dieu.

Lorsque Jean-Paul II s'est présenté à Québec, il a dit: «Je viens à vous en tant que pasteur... mais aussi comme un frère. Avec vous, je suis serviteur d'un seul et même pasteur, le Christ Jésus». Il avait raison. Ce fut d'ailleurs le rappel constant de son voyage: Dieu source de vie et Jésus l'unique pasteur.

Le souhait que l'on peut formuler vis-à-vis les pasteurs c'est d'enlever l'épaisseur «d'humainerie» qui empêche de reconnaître Dieu dans leur action. Et n'oublions pas que toute personne qui aide à faire rencontrer Dieu est à sa façon «pasteur». Aussi bien le prêtre, le papa, la maman...

«Que ta volonté soit faite!»

Souvent, des personnes de grande foi redisent ces paroles de la prière de Jésus: «que ta volonté soit faite»! D'autres, pour réconforter un malade vont dire: «faut bien que la volonté du bon Dieu soit faite»! Tout en témoignant d'une admirable obéissance aux desseins de la Providence, cette expression de la soumission à la volonté de Dieu peut être sujette à des dispositions de coeur contraires à ce que Dieu souhaite.

Un humoriste disait que d'aucuns ont décidé de faire la volonté de Dieu même quand celui-ci ne le voulait pas! Regardons cela de plus près.

Méfions-nous tout d'abord de l'idée que tout ce qui arrive de fâcheux doit être reçu et vécu passivement, sous prétexte que c'est la volonté de Dieu. Par exemple, si le bébé se brûle la main sur le poêle, ce n'est pas Dieu qui a négligé de «fermer» le rond! Si, fatigué et à bout de forces, je claque une dépression, ce n'est pas Dieu qui m'a empêché de dormir mon huit heures par nuit ou bien de sortir prendre l'air.

Méfions-nous encore des personnes qui, comme nous disons, «courent au devant des coups». Un peu comme si, aux premiers signes d'une grippe, il n'y avait plus rien à faire: toute la grippe va y passer... par volonté de Dieu.

Jésus certes a fait la volonté de Dieu. Il l'a accomplie dans une perfection totale. Cependant, il n'a jamais été un fataliste. Regardons son comportement à la veille de sa passion. Arrivé à Jérusalem, il rassemble des groupes de personnes pour leur enseigner. Il apprend alors qu'un complot a germé pour le capturer et le mettre à mort. Selon les Évangélistes, il ne se jettera pas fatalement entre les mains de ses bourreaux.

Saint-Jean dit que Jésus se dérobe de ceux qui le pourchassaient et voulaient s'en prendre à lui. En outre, Jésus choisira de circuler de nuit pour déjouer les plans des soldats.

Pourtant, un jour, Jésus dira que son heure est maintenant arrivée. L'heure de la volonté de son Père. Une heure qu'il aura longuement méditée, apprivoisée et comprise. Quand Jésus dit: «Que ta volonté soit faite», il affirme qu'il vient de prendre sa décision: il vient de prendre à son compte, dans sa vie, la volonté même de Dieu. Son projet coïncide avec celui de Dieu. Il est d'accord, parce qu'il le comprend de l'intérieur, pour que le plan de Dieu se réalise dans sa vie. La volonté du Père devient sa volonté.

Joute au dépanneur

Elle avait pris dans ses mains une barre de chocolat. Elle la tournait et la retournait. En fait, quelle tentation pour un enfant de trois ou quatre ans, dont les yeux limpides arrivent juste à la hauteur de ces étalages que les dépanneurs-stations-service savent disposer pour eux. Pour ma part, je terminais de payer ma facture d'essence, mais j'avoue m'être attardé à ce qui se passait.

«Eh! Maman! Est-ce que c'est ce chocolat-là que toi et papa vous vous êtes acheté hier?» La question était directe. Manifestement, elle avait créé un certain embarras chez la mère. «Bien, tu as vu les papiers dans le cendrier de l'auto... est-ce que ce sont les mêmes?

Quelle astuce dans la réplique maternelle. La jeune fille était renvoyée à elle-même: «Tu connais déjà la réponse à ta question; donc, ne la pose pas!»

La joute devait s'avérer serrée. Après un bref silence, la jeune reprit l'offensive. «Pourquoi, maman, tu ne m'en achètes pas du chocolat quand tu en achètes pour toi et papa?» Ouf! J'étais moi-même bouche-bée. Pourtant, cette conversation se déroulait sur un ton plutôt serein, presque anodin. La maman continuait ses achats, signait les papiers de la carte de crédit alors que la demoiselle tenait toujours son précieux chocolat.

La balle était quand même dans le camp de la mère. Doucement, sans rien changer de son occupation, elle demanda: «Est-ce que tu nous en donnes toujours, toi, du chocolat quand tu en as?» Ç'en était fait! L'argument était marteau. Il replongeait la jeune fille dans sa propre expérience de partage. Autrement dit: «si toi-même tu gardes ton chocolat pour toi, est-ce que papa et maman ne peuvent le faire aussi?»

Je m'apprêtais à partir. J'entendis soudain: «Bien, si tu me le demandes, moi je vais t'en donner du chocolat!» Je m'en veux presque de n'être pas resté pour savoir si la maman a finalement acheté la barre de chocolat. L'auriez-vous fait?

Peut-être la maman s'en voudra-t-elle d'avoir laissé traîner l'emballage du chocolat dans le cendrier. En tout cas, ce papier aura momentanément permis une joute d'arguments entre une mère et sa fille, dans un dépanneur. Un chocolat qui, en plus de son goût bien caractéristique, éveillera dorénavant un goût de partage.

Le Vieux au salut

Je m'inquiète. Il n'était pas sur son perron ce matin. Je me suis rendu compte qu'il me manquait quelque chose dans ma journée. C'est comme si je venais de perdre un grand ami.

Et pourtant, je ne le connais pas. Je ne sais pas son nom. Je ne sais pas s'il a des enfants ou non, s'il est malade ou bien portant; s'il vit seul. Tout ce que je sais, c'est que depuis presque deux ans, chaque fois que je passe en auto, le matin vers huit heures, devant sa maison, surtout le lundi matin, je le vois fumant sa pipe, faisant l'aller-retour sur sa galerie et me saluant d'un grand geste de la main droite.

Au début, je n'y avais pas porté beaucoup d'attention. Je me disais que peut-être il avait reconnu mon auto, qu'il me connaissait et qu'il me saluait gentiment. Par la suite, ayant acquis la certitude que, non, il ne me connaissait pas, je pensai qu'il s'agissait d'un automate saluant quiconque passait devant chez lui. Je ne sais trop pourquoi, mais je ne répondais pas à son signe de la main. Je passais tout droit mon chemin.

Au bout de quelques mois, je me suis surpris à espérer cette rencontre avec «le vieux au salut». Bien avant d'arriver à son coin de rue, je me préparais, pour ainsi dire, le coeur à cette bienveillance que je trouvais toute gratuite. Et puis, un bon lundi matin, je me donnai le défi de le saluer avant même qu'il ne le fasse. J'étais heureux; je crois bien qu'il ne fut pas insensible à cette initiative de ma part.

Dès lors, s'instaura entre cet inconnu et moi un rendez-vous dont je n'aurais jamais osé vous parler si, ce matin, je n'avais pas vécu la tristesse de son absence. Nous ne nous connaissions pas et pourtant, du moins je le crois, nous nous aimions un peu. En tout cas, ce «vieux au salut» m'a révélé la richesse cachée d'un geste anodin, presque anonyme. En passant devant chez lui, je rencontrais un ami; lui, s'était acquis un collègue dans la gratuité.

Je m'inquiète encore pour lundi prochain. Sera-t-il là? Si par hasard vous rencontrez quelqu'un qui vous salue, voulez-vous, s'il-vous-plaît...

Dieu perdu et retrouvé

Dans un foyer, lorsque l'amour n'existe plus vraiment entre l'homme et la femme, ou bien entre les parents et les enfants, apparaissent alors les attitudes rigides des lois, des commandements, des obligations morales. Il m'est arrivé quelques fois de surveiller le comportement d'un père de famille vis-à-vis un de ses enfants et de constater à quel point son langage était dur et sec, et que la majeure partie de ses très peu nombreuses conversations se limitaient à des grandes «descentes» et invectives au niveau du comportement. Le degré d'amour, croyez-moi, ne m'est pas apparu à son plus haut point dans ces circonstances.

C'est la même chose entre un homme et une femme. Quand l'amour se refroidit, la loi prend la place. Qu'une femme soit obligée de rappeler à son mari qu'il était présent lors de la conception des enfants et qu'il en est responsable, lui aussi, et qu'il doive le montrer, c'est le rappel moral que l'amour ne porte plus en lui-même sa propre vie. Les exemples sont multiples. Et je soupçonne que lorsque la loi prend le haut du pavé, l'amour se meurt.

Tout jugement étant relatif, je me permets quand même de dire que l'Église semble être sortie d'une époque «moralisatrice» et peu à peu, par plusieurs signes, semble retrouver l'amour et la fraîcheur. Faudrait-il dire, étant donné que la Bible nous apprend que Dieu est amour, que l'Église est en train de retrouver Dieu?

Personnellement, je suis tout réjoui de vivre dans une Église où Dieu s'appelle d'abord «Amour» et non pas «loi». Je me réjouis d'être membre d'une Église où l'on se préoccupe davantage de savoir comment Dieu aime et pardonne plutôt que de savoir si telle ou telle personne entre dans les cadres de la structure ecclésiale.

Depuis que des fenêtres ont été ouvertes, l'Église se porte mieux; du moins, elle respire. Ah! l'air n'est pas seulement et simplement pur! Mais ce qui est formidable, c'est que la respiration a une saveur d'amour.

Bruit de prière

Une équipe de six moines a aménagé un vieil appartement au cinquième et dernier étage d'un immeuble complètement délabré de la 48e rue, en un point névralgique de New York. Des moines, des vrais, qui prient et qui travaillent de leurs mains pour subvenir à leurs besoins. Des moines qui ressemblent à tout le monde, qui font leur marché, qui réparent les vitres et les marches brisées, qui parlent avec les voisins, qui sont accueillants pour tous ceux qui frappent à leur porte.

Ces moines ont opté pour un désert spécial: le désert du bruit, de la poussière, de la pauvreté, de la misère humaine. Alors que quiconque cherche un logement tente de trouver celui qui lui procurera le plus d'air et le plus de verdure, eux, ont choisi ce qu'il y avait de plus rude et bétonneux: un quartier où la vie trouve difficilement la qualité d'être «vivable et humaine». Mais pourquoi se sont-ils installés justement là?

Un de ces moines disait: «pour les voisins, nous sommes des «gens qui prient». De part et d'autre, des murs fragiles, ils nous entendent chanter les psaumes, comme nous entendons le bruit de leurs transistors, les vocalises du chanteur noir et les guitares, les cris les chicanes et les pleurs des enfants».

Cette affirmation me fait me souvenir de ce qu'un ancien voisin me disait, dernièrement: «Quand tu étais petit, et que votre famille demeurait en haut de chez-nous, on vous entendait réciter le chapelet, à sept heures, tous ensemble, avec ton père et ta mère...» Tout d'abord, j'ai pensé que ce chapelet récité à haute voix, en famille, avait pu déranger les voisins. Mais j'ai compris très vite qu'au-delà du dérangement, cet acte très simple avait suscité presque «une montagne d'admiration» vis-à-vis mon père et ma mère: «Ça c'était du bon monde! Puis humain à part de celà!»

Que ce soit à New York, ou bien chez-nous dans notre foyer, la prière récitée ensemble, en groupe, produit le même effet: elle humanise et rend bon. Elle fait naître même l'admiration.

Si les murs entre voisins colportent toutes sortes de bruits, pourquoi n'y aurait-il pas également un bruit de prière?

Journaliste de bonne nouvelle

Si je vous demandais à brûle-pourpoint de me

faire partager une bonne nouvelle, seriez-vous capable d'en trouver une qui vous satisfasse? Mine de rien, cette question me tenaille depuis qu'à l'occasion d'une célébration eucharistique où je faisais de l'animation avec des jeunes, j'en interrogeai un pour savoir s'il pouvait me dire une «bonne nouvelle». Il eut beau chercher, mais rien!

«Il n'y a rien de beau ou de bon qui arrive dans ta vie?» lui demandai-je, toujours rien. Il aurait sans doute fallu que ce soit son jour d'anniversaire et qu'il reçoive un cadeau, peut-être alors, aurait-il été capable de me répondre. Car pour ce jeune comme pour la plupart d'entre-nous, une bonne nouvelle est liée à un événement assez extraordinaire qui n'arrive que très rarement. En tout cas, ce jeune était en période creuse de «bonne nouvelle».

À plusieurs reprises, j'ai entendu des personnes critiquer le fait que les bulletins de nouvelles quotidiens ne nous livrent que de mauvaises nouvelles. On suggère même que certaines stations mettent à leur horaire, un moment où seulement des bonnes nouvelles seraient annoncées. Point n'est besoin de trop argumenter avec les propriétaires de ces stations pour comprendre que les bonnes nouvelles ne rapportent pas et que la station tomberait vite en faillite si on optait pour la politique de la bonne nouvelle.

Je me dis que s'il en est ainsi au niveau d'une entreprise économique vouée à la cote d'écoute pour subsister, il peut en être autrement au niveau de nos vies quotidiennes, au niveau de notre propre programmation de nouvelles personnelles.

Les bonnes nouvelles dilatent le coeur et les mauvaises le contractent, alors pourquoi opterions-nous pour celles-ci?

Je donnai donc une suggestion de «bonne nouvelle» à mon jeune, et, la semaine suivante, il revint avec son bulletin de «bonnes nouvelles»: «Rickie, la chienne est devenue «propre» au cours de la semaine; maman a maigri d'une livre et demie; lui-même a cousu un bouton à sa veste, etc.

Sans doute, faut-il commencer jeune à être journaliste de «bonnes nouvelles»!

Une cure de prière

Pourquoi n'entreprendriez-vous pas une cure de prière? Oui, vous m'avez bien lu: une véritable cure de prière, dans laquelle il n'y aurait pas de gadgets, pas de gourous, pas de primes, ni de surprimes, mais simplement le réel désir de laisser monter en vous la paix du coeur et la certitude d'une présence proche, aimante, heureuse.

Je suis étonné de rencontrer plusieurs personnes qui deviennent angoissées dès qu'elles se retrouvent cinq minutes à ne rien faire. Une sorte de frénésie d'occupations (téléphones, courses, rencontres réunions, etc.) s'empare d'elles, à tel point que plus aucun moment de silence n'est possible. C'est le vertige à la simple pensée de devoir demeurer seule, quelques instants, face à soi-même.

Je suis étonné, par contre, de découvrir que, cheznous, dans quelques maisons, des personnes font profession «de ne rien faire» et de demeurer vingt-quatre heures sur vingt-quatre, rivées à leur petit entourage immédiat, leurs occupations routinières et leur silence. Je veux parler des femmes «religieuses cloîtrées» qui ne cessent de nous présenter le vertigineux défi d'être heureuses, équilibrées et saines en ne comptant que sur la seule force de leur prière, dans laquelle se manifeste une présence comblante.

Pourquoi, alors ne pas fondre ces deux étonnements, celui des personnes angoissées devant le silence et celui des personnes heureuses à cause du silence, dans un dénominateur commun: la recherche d'une présence rassurante.

Je n'ai pas beaucoup de talents pour présenter des méthodes de prière, mais je crois ne pas me tromper en disant que la prière s'apprend moins qu'elle ne s'accepte comme un don. Autrement dit, la prière s'acquiert à partir du désir qu'on en a et la disponibilité que l'on se donne à faire de la place en nous et autour de nous, pour accueillir Dieu. Comment voulez-vous que nous entendions Dieu, si nous parlons tout le temps? De plus, la prière est beaucoup plus la reconnaissance de Dieu qui se fait proche de nous que l'effet désespéré par lequel nous tentons de nous faire proche de lui. N'est-ce pas l'Esprit lui-même qui, en nous, prie et dit: ABBA, Père!

Je crois que notre monde cache une multitude de «priants» qui se cherchent. Je nous propose donc une «cure de prière» ... en silence.

Un retour de grâce

Supposons qu'elle s'appelle Marie. Supposons que sa mère soit une prostituée et que son père, voyageur de grands espaces, soit une sorte de professionnel «sans emploi». Donnons à Marie l'âge de 15 ans.

Par un concours de circonstances, Marie est amenée à résider chez son oncle: une famille tout à fait comme les autres, une famille que l'on pourrait qualifier de chrétienne.

Marie y séjourne déjà depuis quelque temps lorsqu'elle se décide à parler à son oncle. «Mon oncle, tu vas me dire ce que je vais être obligée de faire pour toi». «Mais, comment cela»? de répondre l'oncle quelque peu étonné. «Bien, depuis que je suis ici, vous m'avez tout donné. Vous vous êtes occupé de moi, vous vous êtes intéressé à mes affaires. C'est l'fun, mais je ne comprends pas pourquoi vous faites cela. Je veux savoir. Je ne peux plus continuer de même.»

Très simplement, l'oncle lui fit comprendre qu'il n'avait rien exigé en retour de l'affection qui lui était manifestée au sein de la famille. «Tu es la bienvenue ici et tu seras traitée comme un de nos enfants tant que tu y seras».

Cette rencontre avec l'oncle n'avait pas fini de calmer les doutes et les craintes de Marie face au traitement dont elle était l'objet. Elle avait bien compris et bien intégré les paroles de son oncle, mais quelque chose en elle produisait comme un phénomène de rejet. En elle se vivait une confrontation entre son expérience de vie passée, et une nouvelle manière d'être et de vivre.

En fait, durant les quinze premières années de sa vie, Marie avait appris de l'amour une définition bien précise: une manière de comportement entre un homme et une femme qui les fait se rencontrer dans du «donnant-donnant». Or, tout à coup, elle se trouve bouleversée par une autre expérience de la vie et de l'amour. La question brutale est de savoir lequel est le vrai.

Aucune parole, aucun écrit, aucun beau sermon n'aurait pu réussir une telle remise en question du sens de la vie chez Marie. Il fallait une expérience très concrète dans laquelle elle se trouvait impliquée. Il lui fallait cet oncle, cette tante et cette famille. Il lui fallait cet «instant de grâce».

Convictions au désert

Jésus fut conduit au désert. Il eut faim. Il connut la tentation. Cet épisode de l'Évangile de Saint-Luc (chap. 4, versets 1-13) marque l'ouverture du temps de conversion et de préparation à Pâques qu'on appelle le carême.

Il ne faut pas croire que les tentations qui envahirent le coeur et l'esprit de Jésus n'étaient que des récits pour romans Arlequin. Jésus fut ébranlé en son âme et conscience. En plus, se sentait-il affamé, esseulé; la lutte intérieure que menaient les forces de sa volonté contre celles du démon devait-elle être éprouvante.

C'est dans les moments de détresse et de souffrance que nous avons le plus besoin de nous accrocher à nos convictions profondes et aux valeurs qui nous ont toujours guidés. C'est ce que fait Jésus. Il se réfère à la parole de l'Écriture que lui ont transmise ses parents. Il sait que la tradition de ses ancêtres est valable, qu'elle est sage et qu'elle ne le trahira pas. De plus, il se réfère à l'instinct de son coeur qui le fait se relier à Dieu comme à un Père: «Dieu ne m'a jamais abandonné, sa volonté a toujours été bonne pour moi et je sais qu'Il m'aime».

Quand Jésus affirme que l'homme ne vit pas seulement de pain, il n'attaque pas les plaisirs de la table et il ne lève pas le nez sur un bon morceau de pain qui rassasie. Il s'élève plutôt contre la fragilité d'une vie qui n'est faite que de superficiel, de spectaculaire, de faux-semblant. Ce n'est pas la grosseur du cadeau qui dit l'amour, c'est la qualité du coeur.

Quand Jésus se fait proposer le pouvoir, le prestige, l'argent, il sait qu'à partir du moment où on pense posséder tous ces biens et contrôler un petit royaume bien à soi, on en devient vite le prisonnier et l'esclave. La liberté du coeur ne passe pas par des compromissions au service de faux dieux.

Enfin, quand Jésus renonce à mettre Dieu à l'épreuve, il reconnaît tout le vice de nos marchandages et du chantage que nous adressons à Dieu, même dans nos prières. Dieu n'est pas un pantin qui répond sur appel. Je n'ai pas à mettre Dieu à l'épreuve de ma volonté.

Les tentations de Jésus au désert sont les nôtres aujourd'hui, dans les déserts de nos vies. La conversion est essentielle pour nous permettre de trouver la paix et le bonheur. Comme Jésus, nous avons besoin de puiser à nos convictions profondes... dont celle-ci: il n'y a pas de désert si aride où Dieu ne nous accompagne pas.

Rails de l'honnêteté

Il y a quelques mois, les bulletins d'informations rapportaient de façon alarmante des accidents de chemin de fer. Plusieurs mortalités, des tonnes de débris, des millions de dollars en dommage. Si bien qu'à un certain moment, la nouvelle consistait presque à rapporter que tel train s'était rendu sans problème à destination.

Il y a quelques semaines, les bulletins d'informations rapportaient avec grande insistance le geste d'honnêteté accompli par un jeune anglophone montréalais. Après avoir trouvé un portefeuille et vérifié son contenu, il s'était rendu compte qu'un billet gagnant à la loterie 6/49 s'y trouvait. Son réflexe fut de rapporter et ce portefeuille et ce billet à son propriétaire. Outre le fait de lui procurer une récompense de plus d'un million de dollars, ce geste lui valut de faire la manchette des plus grands médias nationaux et même d'être présenté aux bulletins de nouvelles des grandes chaînes étrangères.

Le rapprochement entre ces deux événements n'est pas que fantaisiste. La normalité pour un train est de se rendre sans incidents d'une ville à une autre. Il est fait pour rouler sur deux rails, de façon sécuritaire. Chaque fois qu'il déraille, il devient l'objet des bulletins de nouvelles, de l'anormalité qui propulse l'événement au rang de manchettes.

Faudrait-il conclure, alors, que le geste d'honnêteté rapporté par les médias en est un de «déraillé» et d'«anormal»? L'honnêteté est-elle devenue si «exceptionnelle» dans notre société au point qu'elle attire tellement l'attention lorsqu'elle se manifeste?

En y regardant de près, les deux rails qui conduisent le train ne sont pas différents, plus larges ou plus resserrés, qu'ils soient à Montréal, Winnipeg ou Vancouver. Parfois, ils portent des trains de différentes importances: trains de marchandises, trains de passagers, trains de matières toxiques. Mais, où qu'ils soient, ils accomplissent toujours la même grande fonction d'être des rails bien alignés pour conduire le train à destination.

Les rails de l'honnêteté sont semblables. Ils ne sont pas plus larges ou resserrés selon qu'ils portent des objets de valeurs différentes. Lorsqu'ils sont bien posés, ils savent toujours guider l'honnêteté à bon port.

La manchette faite à l'honnêteté nous accuse-t-elle de manquer de rails dans nos vies?

Pour l'amour libre

À l'occasion d'un colloque sur l'amour et ses va-

118

leurs, un jeune adolescent interpella l'aumonier en lui demandant: «Êtes-vous pour cela, l'amour libre?»

La question avait fait son oeuvre. Tous les jeunes savaient bien la portée exacte de l'interrogation; ils savaient également que l'aumonier, défenseur des préceptes évangéliques et ecclésiaux, ne pouvait répondre qu'avec les règles usuelles de la morale traditionnelle. Or les jeunes connaissent, pour la plupart, ces règles mais n'y découvrent pas de motivations profondes qui les satisfassent. Aussi, espéraient-ils de leur aumônier une réponse différente que la seule répétition des préceptes moraux.

«L'amour libre! lança le prêtre, je ne suis que pour cela. C'est le seul amour qui soit vraiment humain.» Puis, ayant vérifié l'intérêt qu'avait suscité son affirmation, il continua. «Je sais bien que lorsque vous utilisez cette expression d'amour libre», vous sous-entendez le désir de relations sexuelles avec n'importe quel partenaire, de votre choix, en dehors des liens du mariage. Eh bien! sachez que tous les animaux ont ce désir et qu'ils vivent des relations sexuelles qui sont loin d'être des relations «d'amour libre». Leurs relations sont basées sur l'instinct: il n'y a aucune trace de liberté là-dedans.

La discussion se fit plus vive. Décidément, le code de lois morales n'était pas au rendez-vous. L'aumônier avait fait appel à un préalable auquel les jeunes n'étaient pas habitués. Il ne s'agissait pas de savoir si nous étions observateurs ou non de la loi, mais si nous étions oui ou non capables d'amour et d'amour libre.

En fait, la question du jeune «êtes-vous pour l'amour libre» lui était renvoyée en termes de responsabilités: «sommes-nous capables d'amour libre?»

Quand nous lisons dans l'évangile certaines exigences à l'amour, nous comprenons vite que ce ne sont pas tant des règles de l'amour que des éléments qui en font la vérité et en fondent la liberté. Quand le Christ dit: «Il n'y a pas de plus grand amour que de donner sa vie pour ceux qu'on aime», ou bien «que votre oui soit oui et votre non soit non»... ou bien, «faites aux autres ce que vous voudriez qu'il vous soit fait», ou bien «pardonnez et vous serez pardonné», ou bien «nul ne peut servir deux maîtres»... c'est fondamentalement pour nous aider à libérer notre amour. Jésus ne prône rien d'autre que «l'amour libre».

Matraque «pro-vie»

«Où t'en vas-tu avec ta matraque?» — «Oh, je participe à une manifestation pro-vie devant la nouvelle clinique d'avortement. On ne sait jamais, les choses pourraient s'envenimer!»

Je n'ai pas entendu ce dialogue mais je l'imagine tout à fait plausible. Sa seule formulation caricaturale nous permet d'en déceler toute l'absurdité. Comment, en effet, prôner le respect de la vie en devenant soi-même, ne serait-ce qu'un instant, l'instigateur d'une violence face à la vie d'autrui!

À l'occasion d'une récente intervention, leur septième depuis 1967 touchant le respect de la vie, les évêques du Canada abordent précisément cette déviation qui s'infiltre dans des attitudes pourtant bien intentionnées, touchant la promotion du respect de la vie.

«Nous désirons intervenir, écrivent les évêques, en insistant sur l'amour authentique qui doit inspirer toutes les initiatives visant le respect et la protection de la vie humaine». «Un climat de violence, soutiennent les évêques, semble vouloir s'imposer entre les te-

120

nants de la vie et ceux qui favorisent l'avortement. À diverses reprises, leurs prises de position et leurs gestes respectifs ont fait preuve d'agressivité et de manque de respect mutuel. Ce comportement est inacceptable.»

Nous touchons du doigt, ici, combien il est difficile d'être cohérent et conséquent dans ses actes et ses pensées. Les exemples pleuvent. Des parents qui vocifèrent: «je ne veux pas que tu cries, tu m'entends!»; des pancartes «Défense d'afficher» collées sur les murs; des voitures «Police» stationnées en double devant un restaurant; des instituteurs qui fument dans des locaux ponctués de signes «Défense de fumer», etc. Le désaccord entre le dire et le faire mine toujours la crédibilité d'une personne ou bien d'une cause.

Le prix est parfois lourd à payer pour témoigner du bien-fondé de ses positions. Je connais quelqu'un qui est allé jusqu'à sa croix!

Désarmer les esprits

Qui a vraiment pris la décision du raid américain sur la Libye? Qui, au Canada, décidera du retour ou non à la peine de mort? Qui, chaque année, convient d'investir des centaines de millions de dollars dans la course aux armements?

À chacune de ces questions, il est possible de répondre: le gouvernement ou bien tel chef d'état. Pourtant, toute décision, le moindrement d'allure politique, est toujours précédée et portée par une opinion publique. En clair, si des pays dépensent tellement d'argent pour les armes, c'est que les intérêts économiques de groupes et d'individus du pays le commandent et c'est aussi parce que l'opinion publique est favorable.

Certes, des groupes nombreux interviennent en faveur du désarmement ou bien contre la peine de mort. Mais aucun gouvernement n'arrivera à décider d'une législation en affrontant une opinion publique massivement défavorable.

La première démarche pour désarmer un pays est de désarmer l'esprit et le coeur de chacun de ses citoyens; la première démarche pour abolir la peine de mort est d'enrayer le goût de vengeance qui nous habite presque d'instinct quand un mal nous est fait.

Les chefs d'État sont très dépendants des opinions et des sentiments de la multitude. Il leur est inutile de chercher à faire la paix tant que les sentiments d'hostilité, de mépris et de défiance, tant que les haines raciales et les parti-pris idéologiques divisent les hommes et les femmes d'une nation. La formation d'une forte opinion publique est donc nécessaire pour orienter les solutions que les gouvernants apportent aux grands problèmes qui confrontent notre monde.

Nous nous demandons souvent ce que nous pouvons faire de notre petite personne face à des problèmes qui nous dépassent tellement. Eh bien! c'est là une première responsabilité: désarmer notre esprit et munir notre coeur d'arguments solides qui façonnent notre propre opinion face à ces sujets d'actualité.

L'opinion publique n'est pas la somme des opinions de personnes qui disent: «j'pense comme l'autre»! Elle a une personnalité et un esprit. Mieux vaut que celui-ci soit désarmé.

Dans l'esprit

Un esprit aux commandements

Quand on affirme qu'il faut revenir aux commandements de Dieu et qu'il faut remettre en place les directives claires de la religion, on affirme du même coup que notre éducation religieuse a manqué son coup.

Dans toute démarche d'éducation, il y a un temps où l'éducateur commande et l'éduqué obéit. Face à de jeunes enfants, les parents savent d'instinct qu'il leur faut établir des lois, des balises pour aider leur enfant à grandir. Les commandements sont alors nécessaires pour guider les premières étapes de l'apprentissage: «Fais ceci, ne fais pas cela, ne touche pas à cela,» etc., autant de guides qui façonnent le développement d'une personne.

Justement, les commandements perdent de leur importance devant les premiers «pourquoi» des adolescents. «Pourquoi faut-il que je me comporte ainsi? À quoi cela me servira-t-il? L'adolescent sent très bien qu'il doit se détacher de la règle de conduite qui lui fut imposée à venir jusqu'ici et trouver en lui-même les motifs et les critères de son action. S'il se détache des commandements familiaux, ce n'est pas tant pour les rejeter, que pour les mieux assumer. Pour grandir et devenir autonome, il doit comprendre le pourquoi de son action, il doit découvrir que le commandement n'est plus une loi imposée, mais une manière d'être et de vivre.

Cette étape est cruciale dans l'éducation. Beaucoup de parents désespèrent de ne pas voir leur enfant «retomber sur ses pattes». Ils pensent que tout le travail amoureux de l'éducation prodiguée à leur enfant est peine perdue: «il ne croit plus à rien, il a tout foutu en l'air», arrivent-ils à s'avouer.

Pour cruciale que soit cette étape, elle est nécessaire. Ou bien le jeune adulte s'assagira, au sens de prendre à son compte l'éducation qu'il a reçue et alors il deviendra de plus en plus autonome et responsable devant la vie, ou bien il continuera d'être un «grand adolescent» du genre girouette.

Remarquons que dans l'un et l'autre cas, les commandements sont nécessaires. Ce qui change, c'est l'esprit avec lequel ils sont reçus.

Quand Jésus dit qu'il n'est pas venu abolir ni la loi ni les prophètes, il parle de cette éducation qui donne un esprit aux commandements et fait accéder à la liberté dans la manière de vivre sa foi. Ce n'est donc pas tant le retour aux commandements qu'il faut souhaiter que l'accession à l'Esprit qui nous les fait comprendre et permet d'en vivre.

Jésus, cent visages

Il n'y a pas qu'un seul et même visage de Jésus dans les évangiles. Surprenante cette affirmation, mais vraie. Marc insiste davantage sur Jésus comme étant Fils de Dieu; Matthieu présente Celui qui donne la loi nouvelle; Luc retient le Jésus qui se fait l'ami des pauvres et des pécheurs; seul Luc nous rapporte les paraboles de l'Enfant prodigue et du bon Samaritain; et Jean, enfin, nous apporte la réflexion profonde sur l'union mystérieuse entre Dieu et la personne humaine.

Nous ne pouvons séparer facilement le Jésus présenté par Marc d'avec celui de Luc ou Matthieu. Le seul Christ auquel chacune de ces évolutions cherche à rendre témoignage ne peut se contenir dans une présentation littéraire, si belle et spirituelle fut-elle. Jésus vivant, dépasse tout rétrécissement qui le ramasserait dans des formules ou des images.

Jésus savait et sait quelles impressions différentes son oeuvre de salut produisait et produit encore aujourd'hui chez ceux qui s'approchent de lui. Regardons cela de plus près.

Quand Jésus enseigne à propos de celui qui accomplit bien sa religion, il propose le comportement d'un Samaritain se portant au secours d'un blessé sur la route. Or, Jésus savait que son auditoire considérait les Samaritains comme des hérétiques.

Non seulement dans son enseignement, mais aussi dans son comportement, Jésus provoque des réactions, des impressions diverses. Partageant le repas à la table même d'un Pharisien, adressant la parole à une Samaritaine, mangeant les pains de consécration dans le temple, s'alliant un Publicain et un Zélote comme disciples, Jésus ne cesse de surprendre et rend vaine toute interprétation qui voudrait le définir, le «mettre de son bord».

De la même façon, Jésus se faufilait dans la foule pour ne pas se faire arrêter par les gardes ou bien retenir par ceux qui voulaient le proclamer roi, de même Jésus se faufile au milieu des formules, des images, des impressions qui cherchent à le caser dans un style de comportement ou dans une formule toute faite.

Jésus est une personne et il est vivant. Il est souverainement libre. Toute son action et toutes ses paroles deviennent fascinantes parce qu'elles manifestent son effort incessant de rendre Dieu proche de chacun de nous. En fait, cette action est sans frontière et Lui, il a «cent» visages.

Témoins d'une visitation

Pour son vingt-quatrième voyage apostolique, le pape Jean-Paul II venait au Canada. Il arrivait à l'aé-

127

roport de Québec le 9 septembre et repartait onze jours plus tard, le jeudi 20 septembre, depuis la base des forces canadiennes à Ottawa.

Jean-Paul II a laissé sa marque chez nous, en chacun de nous. Marque faite de chaleur et d'affection, d'une foi prophétique telle que d'aucuns n'ont pas hésité à lui attribuer les paroles qu'on disait à Jésus; «d'où lui vient cette capacité de parler avec autant d'autorité?» Un ami me disait: «C'est comme si l'Évangile redevenait vivant dans sa bouche».

Jean-Paul II a laissé aussi la marque d'une très grande humanité. Son attention aux personnes, surtout les plus démunies, et aussi sa prédilection pour les enfants, n'ont laissé personne indifférent. Encore là, d'où lui vient cette telle affabilité que quiconque voulait s'approcher de lui était confiant d'être transformé à son contact?

Certes, plusieurs mots ont été utilisés pour décrire cette visite. Des panneaux publicitaires, vous vous en souvenez sans doute, parlaient de «la grande visite». Les évêques disaient, eux, qu'il s'agissait d'une visite pastorale, d'autres ont parlé d'un pèlerinage. Pourtant, l'expression qui, selon moi demeure la plus signifiante, en même temps que la plus surprenante, est celle utilisée par madame Jeanne Sauvé, la gouverneure générale du Canada. Dans son allocution au moment du départ, elle disait: «Très Saint Père, sachez que nous vous serons redevables de ce que j'ose appeler une «visitation».

«Visitation» connote plus que la simple visite. Dans ce mot, il y a une dimension qui nous échappe, celle qui dépasse ce que l'on peut entendre, voir, toucher: une dimension, disons-le, qui ouvre sur Dieu. Et justement, un des derniers mots de Jean-Paul II, en sol canadien lors de la cérémonie d'adieux fut: «J'ai le sentiment d'avoir vécu avec vous des moments de grâce».

Aujourd'hui, cette visitation est toujours porteuse de grâce. En vérité, notre foi n'est plus tout à fait la même: nous avons été témoins d'une visitation.

Du pain «platte» à l'église

Pourquoi mange-t-on du pain «platte» à l'église? En fait, pourquoi les hosties sont-elles si minces et si différentes dans leur aspect, surtout eu égard à l'air tout invitant d'une bonne miche de pain? La question est importante car en bon nombre de paroisses, on a développé l'habitude à l'occasion de fêtes exceptionnelles d'apporter, au moment de l'offertoire (la préparation des dons) une belle grosse miche de pain doré, qu'on dépose sur l'autel, qu'on vante comme étant la nourriture que le Christ a prise lors de l'institution de l'eucharistie et puis... qu'on laisse sur la table, au moment de la communion, pour privilégier les petites rondelles blanches conservées dans un vase spécial, à l'écart.

Certes nos yeux se rassasieraient mieux, en même temps que notre ventre, du pain dont nos tables quotidiennes nous ont donné l'habitude. Et, en cela, le signe de la nourriture simple et de base, y trouverait son compte dans la signification liturgique du pain de table devenu «pain de vie».

Mais la vérité du signe, c'est-à-dire du vrai pain, ne doit pas nous faire oublier la tradition dans laquelle les Juifs et Jésus lui-même ont utilisé du pain azyme, du pain sans levain, pour célébrer la Pâque. Rappelons rapidement que les pains apportés par les Hébreux dans leur fuite devant le Pharaon, n'avaient pas eu le temps de fermenter et de lever; dans leur passage miraculeux vers la terre de liberté, ils avaient du pain «platte» pour se nourrir.

Chaque fois, par la suite, que les Hébreux voulurent célébrer la Pâque (ce qui veut dire passage) en souvenir de cette libération merveilleuse, ils prenaient du pain sans levain, du pain «platte». Jésus lui-même utilisa du pain sans levain, car la Pâque qu'il célébrait s'insérait dans la tradition de ses ancêtres. Cependant, nous savons à quelle libération plus merveilleuse encore nous fait bénéficier la Pâque vécue par Jésus et que nous vivons en chacune de nos messes.

Il convient donc d'utiliser le pain azyme pour faire comme Jésus a fait et nous relier à cette longue tradition de ceux qui célèbrent Pâques. La bonne grosse miche de pain aurait cependant l'avantage de nous suggérer qu'à partir de Jésus quelque chose de spécial a changé: nous passons de la mort à la vie et le pain devient Corps de Jésus ressuscité. À bien y penser, les yeux de notre foi s'accommodent très bien du pain azyme pour adhérer à ce «mystère de foi».

Vie au grand jour

Un bon jour, dans la suite de ses découvertes et de ses expériences humaines, Jésus fut placé devant une inquiétude profonde: «Tous ces gens, pensa-t-il, qui «se jettent» dans l'alcool, le sexe, le spiritisme, tous ces gens qui abusent des autres dans des manigances économiques, politiques ou sociales, sont vraiment des gens malheureux. Ils me font penser à un troupeau de brebis sans berger.»

Je suis certain que Jésus a pensé cela et qu'il le pense encore aujourd'hui. Lisons dans Saint-Matthieu ce qui me le fait croire (chapitre 9, verset 36). «À la vue des foules, Jésus en eut pitié, car ces gens étaient las et prostrés comme des brebis qui n'ont pas de berger...» Alors, Jésus appela ses douze disciples, et leur demanda d'annoncer que le temps de l'amour et du pardon venait d'arriver.

Au fond, Jésus a été profondément troublé devant le désarroi et la lassitude de sa génération. C'est pour cela que le grand désir qu'il avait au coeur de faire jaillir et de faire connaître une façon neuve de vivre la vie est devenu impérieux pour lui. «Le monde doit savoir, devait-il se dire, les hommes et les femmes doivent voir et comprendre que le véritable amour est possible et qu'une vie sans hypocrisie, au grand jour, sans routes fermées ni culs de sac, est réalisable ici et maintenant, si chacun accepte de retourner son coeur vers Dieu.

Alors Jésus établit ses plans pour réaliser son désir. Il choisit douze apôtres et leur dit: «Allez vers les brebis perdues de la maison d'Israël. Proclamez que le royaume des cieux est tout proche, guérissez les malades, ressuscitez les morts, purifiez les lépreux... Vous avez reçu gratuitement, donnez gratuitement.»

Comme nous, les apôtres d'alors devaient se dire: «Il prétend que nous allons être capables de faire des miracles». Les miracles, en fait, ne nous appartiennent pas; ils sont le propre de l'action de Dieu. Ils témoignent que notre action est vraiment dans la ligne de Dieu. Mais quels sont ces miracles? Ils sont toujours les mêmes: des vies sont purifiées, des personnes ressuscitent à la santé... et tous manifestent la gloire de Dieu. La lassitude disparaît, la paix et la joie habitent les coeurs.

Un Dieu sans allure

Un des atouts du message de l'Évangile, c'est qu'il n'a pas de bon sens. Et pourtant, des personnes «normales» y croient depuis près de deux mille ans.

Cela n'a pas de bon sens de penser que Jésus ait accepté volontairement de donner sa vie par amour. Cela n'a pas de bon sens que des hommes comme Gandhi, Martin Luther King, le père Maximilien Kolbe (qui dans un camp de concentration a accepté de mourir à la place d'un père de famille), aient misé leur vie sur l'amour inconditionnel des autres et le service désintéressé, sans retour, sans gloire. Cela n'a pas de bon sens l'action de Mère Thérèsa!

Cela n'a pas de bon sens que l'Évangile dise «bienheureux les pauvres» parce que Dieu s'occupe d'eux d'une façon particulière et «bienheureux les persécutés pour la justice, car le royaume de Dieu est à eux», alors que l'on prend conscience de tant de misères, de malheurs, d'injustices, tout proche, là, devant nos yeux.

Cela n'a pas de bon sens que l'Évangile nous dise d'aimer jusqu'à prier pour nos ennemis et de laisser monter en nous l'amour dont Dieu lui-même les gratifie.

En définitive, cela n'a pas de bon sens que Dieu soit quelqu'un qui nous aime malgré ce que nous sommes. Dieu se cache derrière le visage de l'amour et cela n'a pas de bon sens. Dieu qui a créé le monde par amour, qui nous aime au point de nous laisser libre de répondre oui ou non à cet amour. Un amour qui le rend toujours prêt à pardonner, toujours là pour nous accueillir, fidèle, attendant que nous nous tournions vers lui pour poursuivre la route ensemble; vraiment, cela n'a pas de bon sens.

Un Dieu, ce n'est pas supposé avoir besoin de nous. Un Dieu est tellement loin de nous, normalement, qu'il doit nous être inaccessible. Un Dieu, en tout cas un Dieu qui se respecte, et qui aurait de l'allure, doit se faire servir et non pas servir. Il doit punir, aussi, pour se faire mieux respecter.

Le Dieu de la Bible, celui qui nous fait connaître Jésus-Christ et dont il nous parle comme d'un père, est un Dieu qui n'a pas ce visage. C'est pour cela que j'y crois.

Validité de la prière

Le petit catéchisme disait de la prière: «une élévation de notre esprit et de notre coeur vers Dieu pour lui parler». Je suis d'accord avec cette définition, sauf que j'insisterais pour faire valoir la relation que la prière établit entre Dieu et nous. La prière, du moins la prière chrétienne, implique une communication entre deux personnes: Dieu et nous.

De la part de Dieu, la prière suppose de l'intérêt et l'écoute des voix que nous «élevons» vers Lui. Beaucoup de grands personnages spirituels ont réfléchi sur cette attitude de Dieu et ils lui ont donné un nom: la providence. C'est le sentiment qui pousse Dieu à être constamment aux aguets face à tout ce qui nous concerne. C'est l'inquiétude paternelle qui cherche à pourvoir en tout, à nos besoins. C'est l'amour qui entend même quand l'autre ne parle pas.

De la part de la personne humaine, la prière suppose l'espérance, la calme sécurité de se savoir écouté. C'est l'attitude de la confiance: celle qui connaît avec son coeur. M'écoute-t-il? Si oui, me comprend-il? Les mots sont souvent secondaires dans la démarche de prière. Est bien plus importante la certitude d'être vraiment entendu par quelqu'un qui s'intéresse à nous.

N'est-ce pas en cela, à savoir la validité du colloque entre Dieu et nous, que réside la grande question sur la prière?

Parmi les grandes faveurs que le christianisme, la foi, mieux encore Jésus-Christ en personne, ont accordées à l'humanité, s'impose l'accomplissement d'une communication véritable et authentique entre l'humanité et Dieu. Jésus-Christ est le lien fondamental de cette communion. Il l'est par sa mort et sa résurrection, certes, mais Il l'est par sa propre manifestation d'homme qui prie.

C'est à la suite de Jésus qui prie, que je peux être certain, moi aujourd'hui, de la validité de ma prière. Convainquons-nous-en, en relisant cette suite de textes bibliques: «Le matin, bien avant la levée du jour, Jésus se leva, quitta la maison et s'en alla dans un lieu solitaire; et là, il pria»... Jésus dit: «Je te bénis Père...» «Père, si tu le veux, éloigne de moi ce calice».

Dépollution du coeur

Sans trop nous en rendre compte, nous nous sommes habitués à vivre dans un monde fait de ténèbres. Et la phrase de Saint-Jean: «Quand la lumière est venue dans le monde, les hommes ont préféré les ténèbres à la lumière». Cette affirmation n'est pas pour les «gens d'hier», mais bien pour nous, aujourd'hui. Regardons cela de près.

Nous sommes devenus très sensibles à ce que nous appelons l'environnement. Il y a même un projet d'été qui va permettre à des étudiants de nettoyer les berges du Saint-Laurent. La pollution y a pris place et, avec elle, la mort de l'environnement, les ténèbres. Cela ne s'est pas fait du jour au lendemain, mais progressivement.

S'il y a l'écologie de l'environnement, il y a également l'écologie de notre coeur, de notre vie. Là aussi, progressivement, la pollution gagne du terrain.

Sans qu'on n'y prenne garde, elle s'installe: des petites déviations à l'amour, des entraves au respect de la vie, des oublis à la justice. Et puis, un beau matin, nous nous retrouvons en face d'une vie défigurée, où la pollution sévit.

Face à la pollution des rives du Saint-Laurent, l'homme se dit qu'il est grand temps de faire quelque chose. Face à la pollution dans le coeur humain, Dieu se dit la même chose. Mais comment intervenir? C'est déjà compliqué avec un fleuve, à combien plus forte raison avec un coeur enténébré!

Dans sa réflexion, Dieu pensa qu'il pouvait bien intervenir par la force. Mais vite, il comprit que cette force ne serait qu'une autre dictature ajoutée à tant d'autres et ne ferait qu'une pollution encore plus grande. Le spectaculaire? Dieu y songea un instant. Mais ses enfants ayant fait de tout et de rien, 24 heures par jour, des objets spectaculaires de divertissement, il conclut qu'il ne pouvait pas ainsi toucher les coeurs.

Non vraiment, il n'y avait pas d'autres chemins de salut que celui de Jésus. Il fallait que ce soit un geste gratuit pour que nous ne lui reprochions pas de vouloir nous acheter; un geste humble et dépouillé pour que nous ne craignions pas de nous en laisser imposer; un geste libre suprêmement, pour que nous comprenions sa motivation profonde d'amour.

Et Dieu dit: «à nouveau, je vais leur donner ma Lumière».

Réflexe de parenté

Quelque part en nous se trouve un réflexe de parenté. Que nous soyons membres d'un club ou mouvement, nous aimons porter les mêmes insignes, arborer le même macaron. Il n'est pas rare, alors qu'on se trouve à l'extérieur de la province, d'aborder un parfait étranger avec l'audace de l'amitié longuement entretenue, à la simple vision d'un sigle aux couleurs de son association. On se reconnaît, même si on ne se connaît pas.

C'est presque un besoin vital que de se sentir en pays de connaissance. Certains ne pourront s'astreindre à terminer une nouvelle rencontre sans identifier un quelconque lien de parenté: «Oh! tu es sûrement parent par telle vieille tante!» Quelque part au-dedans de nous, un réflexe d'appartenance pousse à trouver des liens que nous avons en commun. Et quand ce n'est pas une appartenance à des mêmes liens physiques, nous cherchons des mêmes liens spirituels; les mêmes idées, les mêmes croyances.

J'ai surpris dernièrement une conversation entre deux personnes qui tournait presque à l'inquisition. Même si des mots différents étaient utilisés pour exprimer leur pensée, une des deux personnes cherchait désespérément à prouver que tous les deux disaient la même chose: «Dans le fond, disait-elle, on pense la même chose». Il ne devait pas y avoir d'incompréhension entre eux; leur réflexe de parenté le demandait.

Découvrir que nous ne pensons pas la même chose, c'est constater une distance qui nous sépare, sinon une opposition. Et notre réflexe intérieur de parenté n'aime pas cela; il cherche sans cesse le rapprochement, la réconciliation. S'il s'avérait qu'une opposition importante se fasse un jour, qu'un fossé idéologique se creuse entre nous, presque spontanément, naîtrait une recherche de zones neutres, de terrains d'entente où des compromis se réaliseraient. Il sera possible d'y parler de tel sujet, mais pas de tel autre; telle action sera menée en commun, mais aucun mot ne sera prononcé. Une sorte de paix sous conditions.

Le réflexe de parenté qui nous habite est fort. Il devient d'autant plus actif qu'il s'exerce entre deux personnes qui s'aiment. Survient-il une querelle, une opposition, immédiatement ce réflexe se met à l'oeuvre pour tenter un rapprochement. Il n'aura de cesse que l'affection soit réaffirmée ou que le pardon ne vienne cicatriser la blessure.

Mais au fait, d'où vient ce réflexe de parenté? Ne serait-il pas la preuve que nous sommes tous reliés à une même souche familiale et que, plus que nous ne le pensons, un même Esprit nous habite?

Programmé «enfant de Dieu»

Pour être heureux, je dois reproduire l'image de Dieu dans ma vie. Qu'est-ce à dire sinon que, créé à l'image de Dieu, je serai d'autant plus épanoui que je saurai réaliser en moi, et dans ma vie cette correspondance à la vie de Dieu.

Prenons un exemple. En plaçant une graine de rose en terre, je suis tout à fait conscient que cette graine, quoique petite et limitée, et quoique mes yeux ne voient pas la rose qui est toute en puissance en elle, se développera pour réaliser la plus belle rose possible. Elle ne deviendra pas tulipe puisque la vie qui bat en elle (pour parler ainsi) est celle d'une rose. Son bonheur est à ce prix; réaliser dans le concret, le mieux possible, l'image de rose qui déjà est présente en elle.

Pour devenir rose, la graine est toute programmée. Un peu de fumier, de la lumière et de l'eau, un peu d'affection même contribueront à la faire s'épanouir. Il faudra y mettre le temps cependant, car tirer sur la tige pour qu'elle pousse plus vite, mènerait directement à la mort.

Pour devenir «enfant de Dieu» la personne humaine est également programmée. Sauf que la liberté qui est radicalement inscrite en elle, transforme tout: la liberté permet l'auto-programmation. C'est ce qui fait la grandeur mais aussi, parfois, la misère de la personne humaine.

Même si comme personne humaine, j'ai en moi l'Esprit de Dieu qui me pousse à toujours ressembler plus à Dieu, j'ai cette possibilité de dire: «Stop! Je ne marche plus! Je ne veux plus de Dieu dans ma vie»! Alors que la graine de rose ne peut que sécher, mourir ou bien devenir «rose», moi, créé à la ressemblance de Dieu, je peux désirer et manoeuvrer pour devenir autre chose qu'un «enfant de Dieu». C'est justement en cela que notre liberté devient cause de misère: la programmation est déprogrammée.

Le psalmiste devait être un fin programmeur en humanité, lui qui disait: «en Dieu seul est le repos de mon âme».

Condition au pardon

Si Marie-Madeleine la pécheresse, si Zachée le voleur habile, si le larron crucifié avec Jésus, ont pu tous les trois vivre le pardon du Seigneur, comment se fait-il qu'il y ait des conditions pour que nous puissions vivre aujourd'hui le sacrement du pardon?

«Tiens, direz-vous, je ne savais pas qu'il y avait des conditions. Je croyais que le pardon nous était donné gratuitement par Dieu et que Jésus-Christ était l'instrument par lequel je devenais certain que le pardon de Dieu m'était réellement manifesté. Et les conditions alors?»

L'Église dans son enseignement a toujours soutenu que l'aveu de ses fautes, le regret de ses fautes et le désir de se reprendre en main et de bâtir du neuf (ferme propos) étaient des conditions nécessaires. Ce sont du moins des éléments de base pour témoigner que le bilan que je fais sur ma vie n'est pas de la pacotille et de l'hypocrisie.

Dans l'Ancien Testament, le général Naaman, malade de la lèpre, s'était irrité de ce que le prophète Élisée lui demande de se plonger sept fois dans le Jourdain pour être guéri. Si vous me permettez: il trouvait cela niaiseux. Il a bien vite compris cependant qu'au-delà du geste, il y avait une expérience profonde: celle de l'humilité et celle de manifester sa confiance en Dieu.

Pas plus que de nous plonger dans le Jourdain, nous ne comprenons la nécessité de nous confesser à un prêtre pour accueillir la grâce du pardon de nos péchés. À quoi cela sert-il de dire nos bêtises à un homme qui, somme toute, n'est pas plus saint que nous?

Hier, c'était Naaman qui se posait cette question; aujourd'hui, c'est vous, c'est moi. Reste que Naaman a cru en la parole du prophète en se disant «s'il m'avait demandé de faire des choses extraordinaires pour obtenir ma guérison, je l'aurais fait; alors, pourquoi n'accomplirais-je pas cette chose simple qu'il me demande!» Chose simple, peut-être, mais encore une fois qui requiert humilité et confiance. Or ces deux vertus ne courent pas nos routes ces temps-ci!

Transposition de personne

Nous entendons souvent cette parole: «J'ai rencontré le Christ, un jour dans ma vie...»; ou bien: «Je vois le Christ dans les autres». Notre réaction presque spontanée, c'est de dire: «Bon, encore quelqu'un d'illuminé». Puis on se dit: «Ce n'est pas le Christ, c'est

Jean-Pierre, Ernest ou bien Micheline qui est là».
Pourtant, le Christ dans l'Évangile nous apprend qu'il
est présent dans des personnes. Par exemple, quand il
nous dit: «Ce que vous ferez aux plus petits d'entre les
miens, c'est à moi que vous le faites».

J'ai toujours été surpris de découvrir que le Christ
s'identifiait plutôt à ceux qui reçoivent qu'à ceux qui
donnent. Avez-vous remarqué que le Christ ne dit
pas: «Quand vous donnerez un verre d'eau à quelqu'un, c'est moi qui lui donnerai; quand vous pardon-
nerez, c'est moi qui pardonnerai». En fait, nous savons
très bien que toute la vie de Jésus est un don et que
quiconque veut suivre le Christ est appelé à entrer
dans ce chemin du don total. Pourquoi donc le Christ
s'identifie-t-il davantage, je dirais prioritairement, à
ceux que nous appelons les plus démunis?

Pensons un instant à l'exemple du père de famille
dont l'enfant revenant à la maison raconte qu'un voisin lui est venu en aide. Alors que l'enfant était mal
pris, ce voisin est venu à sa rescousse. Que se passe-t-il
alors dans le coeur de ce père? Sans doute une montée
de reconnaissance vis-à-vis ce voisin, mais plus que
cela. Ce père sentira à l'intérieur de lui comme une
transposition de personne dans celle de son enfant; ce
geste de bonté a certes été posé pour son enfant, mais,
il le prend maintenant à son compte. Il pourra dire à
son voisin: «Ce que tu as fait à mon enfant, c'est à
moi que tu l'as fait et cela me touche profondément».

Ce qui est donc ainsi vécu tout naturellement
dans une relation d'affection père-enfant, l'est également spontanément entre Dieu et nous, plus spécia-
lement les plus démunis. Justement, parce que ceux-ci
ont plus besoin d'affection, il se sentira plus identifié
à eux, plus en affection attentive vis-à-vis d'eux.

Mais ce n'est pas tout. Si dans notre foi, nous ac-
ceptons que Jésus s'identifie aux plus démunis, nous

savons que ces personnes sont habitées de la dignité même des enfants de Dieu. Si nos yeux humains nous trompent là-dessus, ceux de notre foi deviennent clair-voyants.

Experts en signe de croix

J'étais en compagnie de deux jeunes experts pour regarder le match de hockey à la télévision. Nous étions bien installés au sous-sol, faisant nos petits «Jos Connaissant» sur les prouesses de chaque équipe et des principales vedettes. Les premières images télévi-sées nous présentèrent les joueurs sortant du vestiaire et sautant sur la glace. Deux joueurs, juste au moment de franchir la porte de la patinoire, enlevèrent leur gant droit et firent un signe de croix très remarquable.

Le plus jeune des mes experts commenta: «Lui, il fait toujours cela». «C'est mon joueur!». Je compris qu'il attirait délibérément mon attention sur ce geste du signe de croix qui, somme toute, l'impressionnait. J'en profitai. «Pourquoi, lui demandai-je, fait-il ainsi ce signe de croix? Penses-tu que c'est pour cela qu'il est un bon joueur?» La réponse vint toute simple, comme si elle avait été préparée secrètement. «Bien lui, il n'a pas peur de dire qu'il croit en Dieu! Je le sais, j'ai déjà lu un reportage sur lui!»

Ce n'était pas tout à fait la réponse que je pré-voyais. Alors je poursuivis. «Oui, mais est-ce que cela lui donne de meilleures chances de gagner?» Le jeune de répondre: «En tout cas, ça peut lui éviter des acci-dents: c'est pour mettre la chance de son bord!»

N'y avait-il pas un peu de superstition dans ce geste accompli pour mettre la chance du bon bord? Notre réflexion se poursuivit encore un moment mais rien de très convaincant n'en sortit.

À peu près une quinzaine de jours plus tard, j'eus l'occasion de rencontrer les membres de cette famille dans un restaurant. Je m'attablai avec eux. Sans rien déranger, le père fit un signe de croix avant de commencer son repas. J'en fus surpris et ému. Je me tournai donc vers les enfants, mes experts du hockey. «Avez-vous vu? Pourquoi fait-il un signe de croix?» «Bien, il fait toujours cela: c'est son bénédicité». Cette réponse me fut confiée comme banale, presque en ajoutant: «il n'y a rien là». J'insistai: «est-ce pour mettre la chance de son bord avant de commencer son repas?» Les yeux de mes experts s'écarquillèrent. Le plus jeune lança: «l'autre fois quand je t'ai dit qu'il (le joueur) faisait son signe de croix parce qu'il croyait en Dieu, tu semblais pas sûr: alors là, je ne suis pas pour te dire que papa veut éviter les accidents pendant le dîner!» Et vlan... Je fis à mon tour le signe de croix, bénissant Dieu autant pour le joueur de hockey, le papa que pour mes experts... en signe de croix.

Les preuves du baptême

«Avez-vous été baptisés, vous autres?» «Bien oui,» me répondirent les deux jeunes servants de messe à qui je venais de poser cette question saugrenue. La rapidité de leur réponse n'avait rien d'aussi intéressant que leurs yeux en coin qui semblaient dire: «Tu es malade de nous poser une telle question!»

Alors, je poursuivis. «Avez-vous des preuves à me donner pour me dire que vous avez été baptisés?» Leurs yeux roulèrent un peu de côté: «Quoi, il est sérieux?»

On me parla tout d'abord des photos de baptême qui attestaient vraiment que l'événement avait bel et bien eu lieu. Ensuite, vint l'argument du document officiel qu'on appelle «certificat du baptême» ...un document dont on ne peut mettre en doute l'authenticité puisqu'il possède le sceau de la paroisse. Il y avait aussi les témoins, le parrain et la marraine, les oncles et les tantes: autant de personnes qui pouvaient jurer de l'existence du baptême.

Après ces quelques éléments de preuves qui auraient sans doute contenté un juge, je continuais toujours d'insister. «Ah! il y a le cierge de mon baptême que maman conserve dans son tiroir. Nous l'avons allumé à ma première communion et à ma confirmation». «Et puis, une autre preuve de mon baptême, c'est que je suis ici, ce matin, à la messe».

Un gros morceau venait d'être lâché. Voilà que les preuves ne se situaient plus exclusivement à l'extérieur, mais à l'intérieur. La preuve consistait à vérifier les effets du baptême dans notre vie.

C'est d'ailleurs la question que je posai à mes deux experts en théologie. Je reçus deux perles magnifiques. La première est celle-ci: «Le baptême m'a donné de la place dans la famille de Dieu». Et la deuxième: «Le baptême m'a donné le droit d'appeler Dieu «papa».»

Et je me suis tu... Et de temps en temps, comme en ce moment, je contemple ces deux perles.

Perdez pas la source

Lorsqu'un docteur de la loi, pharisien, demande à Jésus lequel des commandements est le plus important, Jésus lui répond que c'est le commandement de l'amour. En fait, aucune des quelque 620 prescriptions de la loi juive est plus importante qu'une autre mais c'est plutôt une obligation qui les résume toutes.

Il est intéressant de constater que bon nombre de personnes répondent à peu près la même chose que Jésus lorsque les pharisiens de notre époque — les observateurs de la loi — leur demandent quelle est leur religion. La réponse vient à tout coup à peu près semblable. «Moi, je ne fais pas de tort à mon prochain et je rends service aux autres: voilà ma religion. Je me dis que ce n'est pas nécessaire d'aller à la messe tous les dimanches».

Le commandement de l'amour résume toute «la loi et les prophètes», hier en Galilée comme aujourd'hui au Québec. Quiconque agit ainsi est fidèle au Christ. De plus, quiconque aime, nous dit Saint-Jean, est né de Dieu: il est un véritable enfant de Dieu.

Voilà ma question: Comment se fait-il que Jésus, dans sa réponse au Pharisien, lui parle d'abord de la «nécessité» d'aimer Dieu de tout son coeur, de toutes ses forces et de tout son esprit, avant même de nous dire qu'il fallait aimer son prochain, comme soi-même? Y aurait-il une relation si importante entre les deux, au point que Jésus puisse dire que les deux commandements sont semblables? Je crois que oui.

Nous savons très bien qu'un fil électrique trop long ou vieux communique mal le courant: il y a de la perte en chemin. Par ailleurs, c'est dans la mesure ou nous demeurons près de la source de chaleur que nous bénéficions de tous ses effets. Ainsi en est-il de l'amour de Dieu — lequel ne peut pas avoir cinquante-six visages. — Si Dieu est la source de l'amour, celui-ci sera vrai et fécond.

Lorsque des couples après certaines années de vie conjugale se retrouvent en état de commandements dans leur amour, ils se sont éloignés de la source. Lorsqu'une église se trouve en état de commandement dans l'amour qu'elle propose comme religion, elle s'est éloignée de la source. Une chance que, malgré tout, il est toujours possible de retrouver la trace de Dieu et d'ainsi se réabreuver à sa source.

144

Au rivage de Dieu

Avez-vous déjà remarqué que les grèves de sable le long de la mer sont créées par la mer elle-même? Tant que la marée est haute, il n'y a pas de plage; c'est de l'eau partout. Ce n'est qu'en se retirant que la mer donne naissance à un nouveau rivage. Bien sûr, ce rivage était déjà là; mais il ne devient manifeste et autonome, c'est-à-dire vraiment reconnaissable pour lui-même qu'au moment où l'eau se retire.

Je ne veux pas faire de haute théologie, mais cette image de la mer qui crée son rivage me fait penser à Dieu qui crée l'homme, la personne humaine. Ce n'est que dans la mesure où Dieu se retire, c'est-à-dire qu'il ne prend pas toute la place (si l'on peut parler ainsi) qu'il laisse apparaître l'homme et la femme, des êtres libres en face de lui. Pour que l'homme et la femme puissent vraiment être reconnus pour eux-mêmes, en vis-à-vis de Dieu, autonomes et responsables, capables d'entrer en relation avec Dieu, il fallait qu'il se retire et leur laisse l'existence.

Remarquons bien qu'en créant un nouveau rivage, la mer ne cesse jamais d'être «mer»: elle le portait déjà en elle comme un enfantement. Dieu, non plus, ne cesse d'être totalement Dieu en donnant vie à un rivage humain: il le portait déjà en lui et lui est lié de toute éternité. Pourtant le rivage n'est pas la mer et l'homme n'est pas Dieu, si étroit que soit le lien qui les unit.

La mer et le rivage, l'homme et Dieu doivent vivre en harmonie. Si la grève de sable veut se substituer à la mer et la chasser, elle devient vite désert; si l'homme veut se passer de Dieu et l'évacuer de sa vie, il devient diable.

La mer est d'autant plus belle qu'un rivage la découpe presqu'à l'infini: Dieu est d'autant plus grand (se peut-il qu'il le soit moins?) qu'apparait une personne humaine faite à son image et à sa ressemblance, capable d'aimer, comme lui, jusque dans l'infini.

Jésus et ses retombées

Une des conséquences d'une vie pleine et réussie ce sont ses retombées. On se rend compte de l'influence marquante de quelqu'un quand des disciples commencent à vivre comme lui, dans sa ligne, dans son esprit.

Des parents sont tout émerveillés de constater que leurs enfants leur ressemblent physiquement. Ils sont encore plus étonnés de découvrir que leurs enfants parlent comme eux, utilisent les mêmes mots, réagissent de la même manière. Enfin, ils seront presque éblouis de se rendre compte que leurs enfants décident de vivre les mêmes valeurs, selon les mêmes principes.

Des parents donnent leur esprit à leur enfant. Ils donnent un esprit à leur famille. C'est un peu le reflet de ce que fait Dieu pour nous. Sauf que l'esprit de famille n'est qu'une mentalité; alors que l'esprit de Dieu est une réalité: une personne, une force existante, vivante et intime.

Parlant de retombées qui viennent à la suite de Jésus, il faut nécessairement parler de l'Esprit qui nous est donné. Mais il faut aussi avouer qu'une des conséquences très marquantes de la vie de Jésus et du don de son Esprit, c'est l'Église.

D'une façon, Jésus n'a pas strictement fondé l'Église. L'Église est plutôt une conséquence de la vie de Jésus: elle en est une retombée. Au lendemain de la mort et de la résurrection de Jésus, l'Église devint nécessaire. Elle est le rassemblement de ceux et celles qui décident de vivre comme lui, refesant les mêmes gestes, agissant dans son Esprit; c'est la communauté des hommes et des femmes dont on peut dire en les voyant: «c'est Jésus vivant».

De là vient qu'il est difficile d'affirmer une religion individuelle entre Dieu et nous: cela revient presque à nier que Jésus ait existé ou bien que l'on ne reconnaît pas son oeuvre d'amour. En vérité, vivre le moindrement une religion à l'image de celle de Jésus, c'est immédiatement se mettre en état de responsabilité vis-à-vis les autres. Une retombée de la vie de Jésus, Lui qui a dit et vécu: Aimez-vous les uns les autres comme je vous ai aimés».

La souffrance par amour

La parole du «bon larron» en croix est une piste pour comprendre le sens de la mort de Jésus. Il dit: «Pour nous, c'est justice, nous payons pour nos actes; mais lui n'a rien fait de mal».

En fait, il y aurait trois chemins pour approcher le sens de la souffrance et de la mort. Le premier est celui de la justice: «si tu commets un acte mauvais, tu dois payer pour!» À ce point de vue, la souffrance apparaît comme «un mal justifié». Elle est une suite normale du mal qui existe dans le monde, une conséquence des péchés de l'humanité. C'est d'ailleurs une conviction fort répandue; elle est portée largement par les écrits bibliques de l'Ancien Testament. À titre d'exemple, signalons ce texte tiré du livre de Job (4,8): «Ceux qui labourent l'iniquité et sèment le malheur les moissonnent».

Ce chemin pour approcher la souffrance et tenter de la comprendre est le plus proche de notre «logique naturelle». C'est elle, cette même logique, qui nous a amené à comprendre Dieu comme un justicier, une personne sévère qui ne laissait rien passer de nos actes. Mais, ce chemin n'épuise pas le sens de la souffrance.

Il faut bien se rendre compte qu'outre la présence de la «souffrance justifiée» dans le monde, il y a «la souffrance innocente». La souffrance de ceux qui se demandent: «Qu'ai-je bien pu faire au bon Dieu?». La souffrance même de Job, l'homme juste et fidèle. La personne chez qui il n'y a pas de péché pour expliquer la souffrance. Et Job, dans sa prière, le fait bien saisir à son entourage et à Dieu même.

«Cette «souffrance innocente», nous dit la Bible, est un signe de fidélité et de conversion du coeur». Les ennemis de Job s'étaient dit que la souffrance et le malheur viendraient bien à bout des convictions de cet homme de foi; mais il n'en fut rien. Au contraire, cette «souffrance innocente» est apparue comme un témoignage frappant qu'à la fidélité de l'homme, même dans la souffrance, correspond la fidélité de Dieu qui comble au centuple celui qu'il aime.

Mais il y a un autre chemin pour approcher la souffrance: le chemin de la «souffrance aimante». C'est la souffrance de celui qui prend la place de l'autre... par amour. La souffrance qui se donne totalement jusqu'au bout, sans rancoeur, sans condamnation. C'est la souffrance qui dit: «Pardonne-leur, ils ne savent pas ce qu'ils font». C'est également la souffrance qui espère totalement dans la force de l'amour. La souffrance qui dit: «Un jour, ils comprendront et leur coeur se convertira. Ils sauront qu'il n'y a «pas de plus grand amour que de donner sa vie pour ceux qu'on aime».

Le «bon larron» venait de comprendre cela... et sa vie fut transformée.

La route du bonheur

Heureux les pauvres de coeur; heureux les doux, les miséricordieux, les artisans de paix, les assoiffés de justice, les coeurs purs... Heureux!

Vous savez très bien qui a prononcé ces béatitudes. Vous imaginez aussi quelle écoute il recevrait aujourd'hui si, dans une période de temps consacrée gratuitement aux différents partis politiques, à la télévision, Jésus se présentait et prononçait ce message de bonheur. D'autant plus qu'il ne dirait pas que cela. Il dirait aussi: «Aimez vos ennemis et priez pour ceux qui vous persécutent. Pardonnez, non pas seulement sept fois, mais jusqu'à soixante-dix sept fois.»

«Donnez à quiconque vous demande, et cela sans espérer en retour. Ne calculez pas ce que vous faites au plus petit d'entre les miens. Nul ne peut servir deux maîtres. Celui qui veut venir à ma suite, qu'il se prononce lui-même, qu'il prenne sa croix et me suive.»

Vous imaginez! Il ne serait certainement pas élu. Et pourtant, il ne cesserait pas de parler de bonheur, de royaume de justice, de vie transformée. Tous ces mots qui assaisonnent les discours des beaux parleurs de notre monde.

En face du discours des béatitudes, nous pensons que cela est très beau mais que «ça n'a pas de bon sens dans notre monde». Nous nous leurrons.

Seul le chemin de la justice, de la paix et du pardon, seul le chemin de la pauvreté du coeur (indépendamment de toutes nos richesses matérielles ou bien de nos empires), seul ce chemin est le chemin du Royaume de Dieu. Chaque fois que, dans notre vie, nous refusons ce chemin, nous expérimentons la sécheresse de notre condition humaine et, en définitive, notre malheur.

Le Christ n'a jamais dit que la route des béatitudes était facile et toute dorée. Il a affirmé et promis cependant que le bonheur lui était lié.

La porte de «l'autre bord»

«Moi, j'ai peur que la porte me soit fermée, en arrivant de l'autre bord»! Dite à la blague, cette affirmation n'en cache pas moins une crainte certaine face à la rencontre que nous sommes appelés à vivre «de l'autre bord».

Pour vous avouer franchement, je crois que la porte de «l'autre bord» ne se fermera pas facilement sur l'un ou l'autre d'entre nous. Si quelqu'un ferme la porte, je crois que ce ne sera pas Dieu. Prenons le temps d'y réfléchir un peu.

J'ai interrogé un enfant sur la certitude qu'il avait, à savoir si la porte de la maison chez-lui, lui serait ouverte, à son arrivée. Encore une fois, il me jeta un oeil comme seuls les enfants peuvent le faire quand ils jugent une question «idiote». «Bien voyons, me dit-il, elle sera fermée mais mon père va l'ouvrir»! «Es-tu sûr de cela?» demandai-je. — Je sentis encore une fois le coup d'oeil. — «Bien oui! Pourquoi, il n'ouvrirait pas, mon père?»

Dans la suite de la conversation, l'enfant me dira que son père était gentil et qu'étant donné que la maison était son «chez-eux» aussi bien à son père qu'à lui, il était inimaginable que la porte de «sa maison» puisse lui demeurer fermée.

Cependant, je suis demeuré accroché à la réponse que l'enfant me fit en me posant la question: pourquoi n'ouvrirait-il pas la porte, mon père? La simplicité et la logique de cet enfant me disait: «Écoute, c'est mon père! Or un père c'est fait pour cela: ouvrir la porte à son enfant. Donc, ne me pose plus de questions; c'est clair!»

J'admire la foi de cet enfant et la confiance qu'il a face à son père. Je me dis que Dieu, notre Père, correspond tout à fait à la foi de cet enfant. Il est là pour nous ouvrir la porte. C'est cela son rôle. D'ailleurs, depuis le début de la création, comme depuis notre naissance, il n'a jamais cessé de nous le faire comprendre. Un peu comme le père de famille, il n'a jamais cessé d'ouvrir la porte à son enfant.

Ma conclusion est simple. Si la porte se ferme sur nous, de l'autre bord, c'est nous qui l'aurons fermée... croyant nous tromper de maison, ou ne sachant reconnaître notre Père.

On recherche le jeune homme riche

Vous connaissez le passage dans l'Évangile où Jésus rencontre le jeune homme riche. Dans l'Évangile de Saint-Marc, c'est au chapitre 10, verset 17. Il s'agit d'un jeune homme qui se présente devant Jésus et qui lui demande ce qu'il doit faire pour avoir le bonheur... «pour avoir en partage la vie éternelle». Il raconte à Jésus comment il observe les commandements et comment il ne fait de tort à personne et comment, somme toute, il est «un bon gars».

Or, la réponse de Jésus est surprenante. «Une seule chose te manque, lui dit-il; va, vends ce que tu as, donne-le aux pauvres... puis, viens, et suis-moi». Nous apprenons alors que devant cette réponse, le jeune homme «s'assombrit et qu'il s'en alla attristé, car il avait de grands biens».

Le jeune homme riche s'en est allé et depuis, plus de nouvelles. Qu'est-il advenu de lui? Où est-il? A-t-il, par après, rencontré le Christ? A-t-il trouvé la paix du coeur? Est-il demeuré assombri et attristé? Nous sommes dans l'ignorance sur tous ces points et nous pouvons dire que nous sommes toujours à la recherche du jeune homme riche.

Tirons quelques réflexions de ce récit. D'abord dans l'attitude du jeune homme riche. Il est certain que sa démarche est remplie d'une soif de paix profonde et qu'il est lui-même fort intrigué par ce Jésus, ce «bon maître» dont il a entendu parler. Je soupçonne chez lui, l'opportuniste qui veut tout sauver, ne rien perdre, ni de la chèvre, ni du choux; celui qui tire parti de tout et de tous et pour qui le principe de vie se résume à ceci: si c'est bon pour moi, si cela me rapporte, c'est correct; sinon, on repassera.

Dans l'attitude de Jésus, je retiens l'accueil simple et chaleureux. Jésus ne le juge pas, ne le condamne pas. Au contraire, nous dit le texte de Saint-Marc: «Jésus fixa sur lui son regard et l'aima».

Cependant, Jésus demeure ferme et exigeant en face de lui. Il n'acquiesce pas de façon bonasse à son désir. Il l'oblige à constater que la source de son inquiétude est en lui et qu'il doit poser un geste, prendre une décision. La paix intérieure est à ce prix. D'ailleurs, c'est l'enseignement constant de Jésus: «Nul ne peut servir deux maîtres»! Et aussi: «celui qui veut sauver sa vie, la perdra»; «Celui qui acceptera de perdre sa vie, la gagnera».

Si vous rencontrez le jeune homme riche, dites-lui que la mort mène à la résurrection.

Jésus n'a pas écrit

Il nous serait presque facile, durant la semaine sainte, d'imaginer une lettre que Jésus aurait écrite à sa mère, Marie, dans le but de lui expliquer... de lui faire comprendre... de s'excuser devant la souffrance qu'elle devait endurer. Une lettre parle souvent beaucoup plus que bien des paroles. Encore faut-il prendre le temps d'écrire. Or, Jésus n'a pas eu le temps. Il n'a plus eu le temps.

Dès que Jésus eut pris le chemin de Jérusalem, chacun de ses pas, chacune de ses paroles étaient épiées. Il aurait bien voulu prendre le temps d'écrire à sa mère pour lui dire... Mais oui! lui dire tout ce qui se passait actuellement dans son coeur; lui dire à quel point il se sentait bousculé par les événements, les scribes, les pharisiens; lui dire à quel point il se sentait envahi par ceux qui mettent leur espérance en lui: les pauvres, les malades; lui dire à quel point il sentait monter en lui la soif de Dieu et le désir de la grande libération dont elle, sa mère, ainsi que Joseph son père, lui ont si souvent parlé; lui dire... un peu tout cela. Mais il ne pouvait pas. Il ne pouvait plus.

Et pourtant Marie aurait tellement apprécié cette lettre, ce tout petit mot qui lui serait venu de son Jésus et qui aurait dit: «Ne t'inquiète pas, maman! Tout cela finira. Je t'aime... ton enfant». Elle aurait tellement aimé comprendre davantage, être sûre que Jésus faisait bien ce qu'il devait faire: ce qui était mieux pour lui et pour tous, et pour elle. Mais, de lettre, elle n'en eut pas. Encore et toujours s'entassaient dans son coeur les douloureux silences. Quel rôle que celui d'être mère.

Qui était responsable de cette désespérante semaine, où tout conduisait à la mort? Était-ce elle, Marie, qui avait constamment rempli le coeur de son enfant des idées de liberté, d'amour de Dieu, du don de sa vie pour ceux qu'on aime? Elle se savait un peu responsable de ce qui se passait maintenant. Pourtant, elle ne pouvait pas, même un instant, sentir monter dans son coeur un regret pour l'éducation donnée à

Jésus. Elle comprenait également que Jésus ne lui reprochait rien, pas plus qu'à Joseph, homme juste et aimant Dieu.

Qui donc est responsable de cette semaine? Un peu Marie et Joseph, un peu Jésus, un peu vous et moi: un peu tous ceux qui croient en la vie libre. La lettre de Jésus que nous pouvons écrire maintenant, nous le dira.

L'équilibre du service

Jésus se lève de table, prend un tablier, s'approche de ses disciples et commence à leur laver les pieds. Le texte de l'Évangile est très avare de détails. Jésus n'entreprend pas un long discours sur le repas de la Pâque et les vertus de l'eucharistie: Jésus n'explique rien, il agit. Cette action parle plus fort que toutes les théories.

Tentons cependant de comprendre ce que Jésus dit à ses disciples — donc à nous — à travers cette action. Écoutons-le: «J'ai refusé un messianisme politique, spectaculaire, qui m'aurait donné du pouvoir et aurait fait de moi un héros, une idole. Et si j'ai écarté cette option, c'est pour être près de vous, près du monde ordinaire. C'est pour vivre la vraie vie; c'est pour apprendre la douceur et le service chaleureux des personnes».

Jésus a choisi de se réaliser, de s'épanouir et d'être heureux en donnant sa vie... dans l'humble service quotidien des personnes «ployées» par le poids de la vie. Il veut les aider à se redresser, physiquement et spirituellement, et leur redonner le goût de l'amour de Dieu, les rétablir aussi en communion avec les autres.

Jésus a refusé le pouvoir; il a opté pour le service. Une personne de pouvoir est liée à des structures, à des fonctions, à des échéanciers de travail. Le pouvoir cherche toujours une dépendance entre celui qui commande et celui qui obéit. Au contraire, une personne de service ne vise pas le commandement; elle se met en état d'attention et de disponibilité vis-à-vis les personnes et les besoins de la famille humaine. La personne de service n'est pas en compétition pour toujours accomplir plus et mieux: il ne s'agit pas d'être le meilleur, mais de servir à quelque chose.

Quand Jésus dit: «Lequel est le plus grand? Celui qui est à table ou celui qui sert? Or moi, je suis au milieu de vous à la place de celui qui sert»; il nous situe bien dans la compréhension de ce qu'il est en train d'accomplir.

Le geste de Jésus nous concerne. C'est l'invitation non à une réflexion mais à une pratique: «Ce que j'ai fait pour vous, faites-le vous aussi». Laver les pieds de quelqu'un ou bien s'approcher pour prendre et manger le pain rompu de l'eucharistie, c'est poser un geste compromettant et révolutionnaire dans notre monde. L'équilibre de la force et du pouvoir est renversé.

Pratiquer notre religion, c'est mettre cela en application.

Bonté recherchée

Un chef d'état, rapporte l'Évangile de Saint-Matthieu (18,23) voulut régler ses comptes avec ses serviteurs. Pour commencer, on lui en amena un qui devait six millions: une somme telle qu'aucune solution ne paraissait possible. Le roi décréta donc la banqueroute de son serviteur: il lui fallait tout vendre et se faire esclave de son maître.

Dans un geste de désespoir, en même temps que de confiance vis-à-vis son roi, le serviteur demanda un sursis, encore une fois. «Prends patience envers moi et je te rembourserai tout», fut sa supplique. Il fut exaucé. Le maître, pris de pitié, le laissa aller et lui remit sa dette.

Quelques jours plus tard, ce même serviteur rencontra un de ses collègues qui lui devait une petite somme d'argent. Lui qui pourtant venait d'être blanchi d'une dette démesurée, devint intraitable. Malgré les prières de son ami pour qu'il patientât quelques jours, le temps de mettre ses affaires en ordre et de rassembler la somme, rien n'y fit: ce fut un refus catégorique. Un procès s'ensuivit, et l'implacable débiteur ne broncha pas: la condamnation tomba et ruina la réputation et la carrière de son «ami».

Vous vous imaginez bien que le maître de ce serviteur impitoyable fut mis au courant de l'affaire. «Je t'avais remis ta dette, parce que tu m'en avais supplié; ne devais-tu pas avoir pitié de ton compagnon comme moi-même j'avais eu pitié de toi?» Et, dans sa colère, il le livra aux tortionnaires en attendant qu'il eût remboursé tout ce qu'il devait. Ainsi la spirale de la violence redémarra. Elle avait été rompue, un instant, grâce à la bonté du maître, mais elle recouvra toute sa véhémence dans la méchanceté du serviteur. La question demeure ouverte: qui osera maintenant poser le prochain geste de bonté?

Il s'appelle Trinité

Je suis créé à l'image et à la ressemblance de Dieu, soit! Mais en quoi la Trinité me concerne-t-elle? Voyons d'un peu plus près.

Quand je réfléchis sur mes facultés, sur mes capacités, je me rends compte que je suis capable de donner de la vie, de faire du neuf, de prendre des initiatives, en somme, de créer. En ce sens, je ressemble à Dieu qui est Père et qui est Créateur.

Quand je me regarde, je prends conscience également que je suis capable d'être «enfant», indépendamment de mon âge. Je peux accueillir l'amour qui m'est donné; je sais m'ouvrir aux merveilles de la création et me rendre disponible à toutes les puissances de vie qui jaillissent en moi et autour de moi.

Mais je suis capable aussi d'être un «don», c'est-à-dire de me mettre en état de service, de disponibilité et de gratuité pour que la vie ait la qualité de «l'amour qui donne sa vie pour ceux qu'on aime». En ce sens, je ressemble à Dieu qui est Fils, don d'amour pour la vie du monde.

Enfin, quand je me regarde, je constate que je peux être «esprit». Je peux être source de dynamisme, de communion, de lumière, d'espérance, en un mot d'inspiration. Je suis capable aussi d'être artisan de vérité, faiseur de joie, porteur d'intériorité et de sens à la vie. De cette manière, je ressemble à Dieu qui est Esprit.

Je peux donc, moi aussi qui suis créé à l'image et à la ressemblance de Dieu, être «père, fils et esprit»; mais je ne le suis que de temps en temps et partiellement. En effet, si je suis créateur de vie, je me rends compte que je porte aussi la mort. Je défigure parfois la création «belle et bonne» en la polluant. Je refuse souvent de prendre les risques de donner la vie. En outre, si je suis don et service, je suis aussi égoïsme, refus d'accueil et d'amour. Si je suis esprit, porteur de lumière, je me rends compte que souvent je ne brille pas très fort et que, plus souvent qu'à mon tour, je suis éteignoir d'espérance.

Je suis «père, fils et esprit» mais seulement dans quelques traits de ma personnalité et seulement de temps en temps. Alors qu'en Dieu, jamais Il ne cesse d'être Créateur de vie, Serviteur donné par amour et Source de communion. Il l'est totalement et dans toute sa personne. Il n'y a pas de séparation en Lui. Il est Un, en même temps qu'Il est Père, Fils et Esprit.

Cette réflexion sur Dieu Trinité m'amène à penser que Dieu n'est pas «n'importe qui» et qu'Il a vraiment une personnalité. Je ne suis pas un petit morceau de Dieu, lequel serait un grand tout, pas plus que je ne suis une petite partie de mes parents. Cela n'empêche pas cependant que je puisse leur ressembler, y compris à Dieu!

Mettez vos tabliers

Avez-vous remarqué que la bonne dans l'émission *Parler pour parler* a le droit d'intervenir dans la discussion et que ses propos sont plus souvent «à propos» que bien d'autres réflexions émises autour de la table?

Cette «bonne» qui vient servir les convives a presque réussi à s'approprier l'étiquette de l'émission. C'est elle qu'on aime; elle qui apporte les surprises et donne l'originalité au programme. Pour parodier le titre d'une autre émission, elle a «droit de parole». En tout cas, elle ne manque pas une occasion pour intervenir!

Normalement, une «servante» ne se mêle pas ainsi de la conversation de ceux qui sont à table. Il ne viendrait même pas à l'idée des hôtes de lui demander son avis, sinon sur le sujet de mets qu'elle sert. Il y a une distance entre ceux qui sont à table et ceux qui servent. Une étiquette qui définit les rôles et qui marque même l'importance sociale «supposée» de chacun.

Briser la convenance sociale et laisser la parole à une «servante» peut paraître drôle et agréable dans une émission de télévision; mais rendons-nous compte de ce que cela produirait de bouleversement dans la vraie vie, si nous mettions réellement cet exemple en pratique.

Tout d'abord, les convives devraient se taire et donner une chance à la «servante» de parler. Ensuite, il faudrait changer notre façon de voir et laisser tomber certains préjugés qui veulent que les opinions des «serviteurs» sont moins bonnes que les nôtres. Enfin, il est fort à parier qu'au bout du compte, afin de mieux écouter ses propos et lui manifester qu'elle est vraiment l'égale de chacun de ceux qui sont à table, il arriverait qu'un des invités lui céderait sa chaise, prendrait son tablier et continuerait de faire le service à sa place.

Cela ne vous rappelle-t-il pas une pensée de Jésus lorsqu'il demandait: «Qui est le plus grand? Celui qui est à table ou bien celui qui sert? Eh bien! Moi, je suis au milieu de vous comme celui qui sert». Une attitude aussi? Par exemple, lorsqu'Il se leva de table, mit un tablier et se mit à laver les pieds de ses disciples.

Bien sûr, il n'y a pas que les «servantes» à la table qui peuvent être écoutées et que l'on peut faire asseoir à sa place. Il y a les jeunes par rapport aux personnes adultes; les assistés sociaux par rapport aux bien nantis; les personnes handicapées, les marginalisées, par rapport à celles dites «normales»; les pays du Tiers-Monde par rapport aux pays riches.

Commencer à écouter quelqu'un, c'est déjà lui faire de la place à notre table.

Besoin de prêtres

Ce qui est fondamental dans notre religion, c'est que Dieu, d'abord, est venu au devant de nous. Cette démarche est tout à fait originale et n'a pas son pareil dans les autres religions.

L'ensemble de toutes les religions ressasse les efforts de l'homme pour rejoindre son Dieu. C'est l'homme qui veut percer les secrets de Dieu. C'est l'homme qui veut mettre Dieu «de son bord». C'est l'homme qui cherche Dieu.

Au chapitre 4 de la première épître de Saint-Jean, au verset 10, nous pouvons lire: «En ceci consiste son amour: ce n'est pas nous qui avons aimé Dieu, mais c'est Lui qui nous a aimés et qui a envoyé son Fils».

Cette démarche de Dieu, ce premier pas qu'il a fait et qu'il continue de faire, face à nous, dans chacune de nos vies, a beaucoup de conséquences. Juste un exemple: le prêtre.

La théologie catholique insiste beaucoup sur le fait que le prêtre n'est pas un représentant de la base qui, après des élections démocratiques répondrait devant ses électeurs de son ministère. Le prêtre catholique n'est pas un représentant des fidèles, chargé par eux de soigner leurs intérêts auprès de la divinité. Il n'est pas un député, il est un missionnaire.

Il est désigné parmi les membres du peuple de Dieu comme celui qui continue l'initiative de Dieu de se rendre présent aux gens d'aujourd'hui. Il est responsable de la démarche de Dieu, dans la parole prêchée, dans le service de la charité, dans la foi célébrée, pour rejoindre, visiblement, tous et chacun d'entre nous, du plus petit au plus grand. Le prêtre est le témoin du dessein de Dieu.

Ce n'est pas l'homme qui veut s'élever jusqu'à Dieu, c'est Dieu qui accepte de rejoindre l'homme sur son terrain, de prendre son langage, d'assumer sa vie. À travers le prêtre, c'est tout ce côté du plan de Dieu qui peut être compris.

À n'en pas douter, il est important qu'encore aujourd'hui, des hommes acceptent de rendre le service de la prêtrise. Autrement, notre religion ne serait qu'un beau souvenir. Dieu serait le Dieu du passé en Jésus de Nazareth, un beau moment de l'histoire des hommes, mais sans suite.

Qu'il existe encore des prêtres, aujourd'hui, m'est une preuve que Jésus de Nazareth est ressuscité et qu'il continue, encore, de faire le premier pas vers chacun de nous. D'une certaine manière, le prêtre est innocent face à cette action: ce n'est pas de sa faute, mais celle de Jésus-Christ. Le prêtre n'est que serviteur; et nul ne s'arroge ce service.

Péché d'amour

La foi est une sorte de pari à faire sur une manière de mener sa vie: «tout vivre avec Dieu, ou non». C'est l'un ou l'autre! Ou bien Dieu est quelqu'un d'important dans ma vie et alors je le prends au sérieux, c'est-à-dire je l'écoute, je lui fais confiance, je modèle ma vie sur sa parole, son exemple et ses promesses, ou bien Dieu est un être bizarre, quelqu'un qui fait plus partie du folklore que de ma vie réelle, quelqu'un en tout cas qui n'influence pas beaucoup mes décisions à chaque jour.

À l'occasion d'une journée de réflexion, quelqu'un a posé une question sur le neuvième commandement, à savoir si c'était toujours «péché» de coucher avec une femme en dehors des liens du mariage. Une question qui ressemble à celle des Pharisiens lorsqu'ils demandent à Jésus s'il est permis de répudier sa femme pour n'importe quel motif (Matthieu, 19, 3). Une question précise demande une réponse précise, n'est-ce-pas? Eh bien, non!

Jésus ne répond pas directement à la question car

il sait très bien que, quoi qu'il réponde, soit affirmativement, soit négativement, ses interlocuteurs voudront le prendre en défaut. «Quoi! Tu ne respectes pas ce qui est dit dans le commandement? Quoi! Tu bénis le péché? Tu t'inventes une morale personnelle, contraire à celle de nos pères et de toute notre tradition?»

Jésus ramène les Pharisiens sur un terrain plus profond. «N'avez-vous pas lu que le Créateur, dès l'origine, les fit homme et femme et qu'il a dit: «Ainsi donc, l'homme quittera son père et sa mère pour s'attacher à sa femme et les deux ne feront qu'une seule chair? Eh bien, ce que Dieu a uni, que l'homme ne le sépare pas». Autrement dit, si c'est Dieu qui unit, c'est de lui qu'il est question et c'est de son amour vécu par un homme et une femme dont il s'agit. Donc, aucune volonté ne peut se soustraire à cette vérité et ne peut rien y changer car l'amour tel que voulu et créé par Dieu, «ça n'a qu'un visage». Tout le reste n'est que faux-semblant.

On aura beau argumenter des heures de temps, ça n'ajoutera rien à la vérité de l'amour de Dieu et ça ne demandera rien qui ne soit exigeant à celui qui veut vivre de l'amour de Dieu dans sa vie... parce que, voyez-vous, si on n'accepte pas de répondre de son amour devant Dieu, on ne pourra pas comprendre que les exigences que Dieu met dans son amour, avant d'être des règles d'actions morales, sont des éléments de la vérité même de l'amour.

Dans le temps de Noël

Noël en reprise

«Ouf! Enfin les fêtes sont finies!» D'aucuns se soulagent en laissant échapper cette réflexion.

Sans doute, estomac parlant, ce n'est pas un mal que les fêtes soient finies et que nous revenions à une alimentation plus saine et moins «bourrative»!

Sans doute, porte-feuille parlant, il n'est pas déplorable qu'enfin le robinet puisse se fermer et que les comptes commencent à être payés.

Sans doute, cadran parlant, il convient de retrouver un meilleur horaire de sommeil et de récupérer l'énergie laissée en cours de parties, ces derniers jours.

Sans doute, mais tout n'est pas à regretter dans ce temps des fêtes, maintenant terminé.

Je pense, entre autres choses, à ces rencontres familiales qui ont permis de rassembler tous ceux qu'un même amour a confectionné, mais que le temps, les distances, les mésententes ou les chicanes tiennent éloignés. Même si certains peuvent se dire heureux de ce que ces «obligations familiales ou sociales» n'arrivent qu'une fois par année, il faut se rendre compte que, sans elles, presque plus aucune occasion de retrouvailles entre frères et soeurs, entre parents et enfants, n'existerait. Il ne resterait plus que les épisodiques mariages et les funérailles.

Le temps des fêtes, même s'il n'était que social, invite à se rapprocher et à faire une trêve de paix et de bonheur. Bien sûr chacun s'y implique à sa façon, du bout des doigts, en faisant semblant ou bien avec chaleur et sincérité. Le fait demeure que la trêve est là et qu'il y a eu tentative de retrouvailles.

En faisant le bilan des fêtes, n'oublions pas de nous rappeler les désirs profonds et les espérances secrètes qui nous animaient en les préparant. Ces espé-

165

rances que nous sommes seuls à connaître parfois, sont des preuves que nous aspirons à un monde meilleur et que, malgré nos faiblesses et nos défaillances, nous nous savons capables de grandeurs, de pardon, de dépassement.

Les trêves sont toujours délicates à vivre. Certaines se terminent mal, d'autres bien. Quand elles sont déclarées cependant, elles sont toujours porteuses d'espérance. Dans une trêve, il y a rêve. Et jamais une trêve ne se termine sans qu'une des parties ne le décide. Or, nous sommes une des parties! Aussi, pourquoi ne pas songer à revivre certains aspects positifs du temps des fêtes... comme en reprise!

Tablée de mangeurs de soupe

Juste un peu avant Noël, un représentant d'une compagnie me demanda si je pouvais le référer à une oeuvre de charité comme *l'Oeuvre de la soupe,* parce que, dit-il: «il nous reste des dindes et j'aimerais leur en donner!»

Jamais peut-être, «les mangeurs de soupe» à l'occasion de Noël ne sauront que leur assiette contient de la viande venant de cette compagnie. Là n'est pas l'important! Ils ont faim, alors, bravo pour les dindes données gratuitement.

Pourtant, cette nourriture, même si elle permet de survivre de façon un peu plus agréable, n'est pas l'aliment le plus important en cette période de l'année. Il faudrait un aliment qui, en même temps qu'il donne de la vie, donne aussi un peu de dignité humaine, de fraternité et, somme toute, brise l'anonymat des gens seuls.

En fait, seule la main qui donne la soupe peut

créer une relation amicale entre celui qui donne et celui qui reçoit.

Cette main, remplie d'amitié et porteuse de sourires chaleureux peut briser, un instant, l'anonymat de tous ces «mangeurs de soupe». Ceux-ci ne parlent pas beaucoup entre eux. Ils sont tristes. Leur visage n'a pas de nom.

Que manque-t-il pour qu'une relation s'établisse entre ces «mangeurs de soupe»? Il manque une table! Une table autour de laquelle ils pourraient s'asseoir un bout de temps et se reconnaître comme des «mangeurs de soupe d'une même tablée». Peut-être même qu'entre deux lampées de soupe, ils oseraient se regarder l'un l'autre, sentir le coude-à-coude et se dire, comme on dit à la messe: «Heureux les invités à cette table» où la soupe est servie mais où chacun a sa place à côté de l'autre.

De pouvoir s'asseoir autour d'une même table, ensemble, commence à créer un esprit de famille. Les «mangeurs de soupe» deviennent quelqu'un. Ils s'entendent dire: Tu as ta place ici et tu as des frères qui ont leur place avec toi.

En ce début d'année, nous sommes tous des mangeurs de soupe, tous plus ou moins anonymes. Je souhaite à chacun, surtout aux jeunes et aux adolescents, une «tablée» qui leur donne le goût de leur dignité d'enfants de Dieu.

Pour un Noël vrai

Il est de coutume dans plusieurs familles et dans des groupes de travail de se partager de petits cadeaux. N'êtes-vous pas surpris vous-même de vous entendre demander ce que vous aimeriez recevoir pour

Noël? Une sorte de pudeur tout à coup se manifeste qui trahit la difficulté que l'on ressent à se tourner vers quelqu'un et lui signifier de façon claire qu'il est en devoir de nous donner un cadeau. On aime bien donner mais il est difficile de recevoir. Il se pourrait également que dans le fond de soi-même, on ait pensé à tous les autres pour leur faire un cadeau mais pas à soi.

Il y a dans cette attitude un sens encore très «droit» de la fête de Noël. Noël, c'est une fête qui nous fait penser aux autres. Noël, c'est le don et l'accueil. Tous les mouvements de partage, qu'ils s'appellent le *Noël du Pauvre,* le *Noël des Nôtres,* le *Gâteau de Noël,* contribuent à insérer dans le déroulement trop froid et calculé de notre vie, une préoccupation tout à fait extraordinaire, celle des «autres».

Par ailleurs, les fêtes de famille, que souvent on aborde avec inquiétude à cause d'une belle-soeur, d'un frère ou d'un père dont on craint les «craques» trop vinaigrées, demeurent malgré tout, une chance renouvelée de vivre un moment de dépassement personnel insoupçonné. Alors que notre sentiment, que notre éloignement physique et que les événements quotidiens nous poussent à enfermer nos divisions presque dans des blocs de marbre, voilà que Noël nous invite à franchir une partie du chemin: le sens profond de la vie ne se trouve pas dans l'isolement mais dans l'ouverture, le pardon et l'amour.

Noël n'est pas heureux de la même façon pour tous. Il est même pénible et douloureux parfois. Des hommes et des femmes qui, à Noël, n'auront pas de place pour réveillonner et personne pour leur dire qu'ils sont bienvenus, il y en aura encore autour de nous. À y regarder de près, pour celui qui accepte de voir, cela nous reliera directement à l'événement du premier Noël dans une crèche de Bethléem. N'est-ce pas précisément là, dans la grotte de la nativité, qu'il convient le mieux de poser notre regard pour comprendre le vrai Noël? C'est de là qu'est partie la plus grande espérance qui a traversé l'histoire de l'humanité: l'amour d'un Dieu devenu un enfant pauvre pour se faire proche des plus pauvres d'entre nous. Il a fait la plus grande partie du chemin.

Apprivoiser les signes de Noël

Quand Dieu décide de rejoindre l'homme sur son terrain même, d'assumer sa condition de vie, d'emprunter son langage, il décide d'aimer véritablement. Saint-Paul nous dit que «le Christ ne retint pas jalousement le rang qui l'égalait à Dieu... mais il se dépouilla lui-même... devenant semblable aux hommes».

Comment Dieu, en restant «simplement» Dieu, pouvait-il nous aimer de l'amour que nous-mêmes nous connaissons? Aimer quand on est Dieu, c'est facile, c'est même l'existence totale de Dieu que d'aimer. mais aimer quand on est humain, c'est plus compliqué, beaucoup plus embrousaillé en tout cas.

Si Dieu ne nous avait aimés qu'en demeurant uniquement Dieu, tôt ou tard nous le lui aurions reproché: «Bien sûr, toi Dieu, tu es bien au chaud pour nous aimer, ça ne te dérange pas de vivre d'amour, tu en as à profusion... d'ailleurs, tu nous laisses nous embourber dans notre misère, mais si tu étais à notre place, je ne sais pas si tu le crierais encore très fort ton amour»!

Et nous aurions eu raison de dire: «si tu étais à notre place». C'est toujours une des grandes preuves de l'amour quand nous pouvons déceler dans un couple la possibilité de vivre, de sentir et de penser presque à la place de l'autre: une communion tellement forte que l'un, c'est aussi l'autre.

Oui! Nous aurions eu raison de dire: «si tu étais à notre place». Notre vie est tellement unique, pensons-nous, que personne ne peut vraiment nous comprendre. Alors comment un Dieu aurait-il pu nous intéresser s'il ne nous avait pas montré qu'il connaît tout de notre vie.

Nous aurions eu raison... mais nous n'avons plus raison. Le problème, c'est que Dieu s'est tellement fait homme que nous avons peine à le reconnaître parmi les hommes. Une bonne chance qu'avec la suite des Noëls, nous pouvons nous familiariser davantage avec les signes de sa présence et de son amour.

En ce sens-là, Noël n'est pas la fête des enfants mais la fête de ceux qui ont assez d'expérience de vie pour s'ouvrir au véritable partage, au pardon, à l'espérance, à la confiance dans les autres, à la fête sereine. Autant de signes cependant que seul un coeur d'enfant, même chez les adultes aguerris, peut reconnaître.

En état d'Avent

L'Avent que nous amorçons est une période de quatre semaines qui prépare la venue du jour de Noël. Un temps privilégié qui nous est donné, comme si cette journée de Noël devait être tellement extraordinaire que nous devions la préparer de longue date, de crainte de la manquer ou de passer par-dessus sans en profiter au maximum.

La démarche liturgique de méditation et de découverte, à savoir comment Dieu, dans l'histoire, a préparé la venue du Christ, nous aide à faire de Noël une journée différente des autres. Nous entrons dans son intérieur, dans son sens profond, dans sa densité de rencontre privilégiée avec Dieu.

La démarche aussi de regard dans notre propre intérieur pour découvrir quels désirs, quelles attentes profondes et, disons-le, quelles pauvretés constituent pour nous la crèche de Noël, représente un moyen sûr pour donner tout son sens à Noël. Si Dieu s'incarne, autrement dit, si, à Noël, Il est Dieu-avec-nous, comprenons que ce n'est pas à côté de notre vie, de nos questions et de nos souffrances qu'Il vient. C'est précisément là, dans ce terrain labouré par nos détresses et nos espérances que se manifeste le Jour du Seigneur.

Ne nous mentons pas. L'aspect le plus difficile de l'Avent n'est pas de découvrir la volonté de Dieu de venir frapper à notre porte et de veiller chez-nous, mais plutôt la reconnaissance que notre propre intérieur a besoin d'être visité. Combien de verrous et de contre-fenêtres n'avons-nous pas mis à notre maison intérieure!

L'extraordinaire du jour de Noël n'est pas tant que Dieu s'incarne et vienne chez-nous, mais que nous nous ouvriions à sa présence. La naissance à préparer, encore en cette année, n'est pas d'abord celle de Dieu qui vient au monde — Dieu y est déjà — mais du monde qui vient à Dieu. Riche ou pauvre, je me fais un vrai cadeau en mettant ma maison intérieure en état d'Avent.

Révolution ou bénédiction

«Voulez-vous, ne serait-ce qu'un bref instant, me rendre le service de me dire que je suis important, que j'ai de la valeur et que quelqu'un peut m'aimer pour ce que je suis»! «Voulez-vous, ne serait-ce qu'un trop bref instant, mettre de côté ce qui pourrait nous éloigner et tourner votre regard vers moi, vous approcher de moi, vous préoccuper de moi!»

Ces paroles pourraient être celles de tout enfant, grand ou petit, qui s'apprête à vivre la bénédiction parternelle du Jour de l'An. Force nous est de constater que ce geste de la bénédiction du Jour de l'An est loin d'être un geste banal. Ne serait-ce que l'hésitation ou bien la gêne avec laquelle on la demande ou bien le malaise et l'émotion du père et de la mère qui la donnent, cela nous en convainc facilement.

La bénédiction n'est pas qu'une simple tradition que l'on répéterait comme une coutume incantatoire, sorte de rappel du passé. La bénédiction est un geste actuel, qui pour émouvant qu'il soit, n'en garde pas moins toute sa densité. Dans notre monde, la bénédiction est un geste révolutionnaire.

Vivre la bénédiction, c'est briser avec un courant de notre société où tout n'est qu'individualisme; c'est également reconnaître une hiérarchie entre les personnes, acceptant que certains d'entre nous aient le charisme d'étendre la main sur nous, de nous dire du bien et de nous aider à orienter notre vie vers Dieu; en un mot, de nous bénir. Celui et celle qui nous ont donné la vie ont vécu l'oubli d'eux-mêmes, au point que toute l'importance de leur existence convergeait vers le nouveau-né qu'il fallait veiller, protéger, aimer. Chaque fois que le lien de la bénédiction s'accomplit, c'est un peu ce geste du don de la vie qui se reproduit. Car donner la vie, c'est toujours s'oublier soi-même pour faire beaucoup de place à l'autre.

Une société où la bénédiction se pratique dans les familles n'est pas loin de la révolution; il y a des changements profonds qui s'effectuent à la base. Je vous la souhaite de tout coeur.

Porte sur Noël

Il n'y a pas plus de place pour Noël dans nos vies d'aujourd'hui qu'il n'y en avait au temps de Joseph et Marie à Bethléem. Sur eux, les portes se refermaient et, pourtant, ils apportaient la plus grande «bonne nouvelle du monde». Les portes se refermaient parce qu'on n'avait pas de place pour eux: on n'avait pas le temps.

C'est la même chose en ce temps de Noël. Même si les préparatifs de Noël portent le mot Noël, ils deviennent tellement accaparants qu'ils ne savent plus laisser une toute petite place, un tout petit instant à l'Esprit de Noël. Quelqu'un me disait avoir voulu s'arrêter et méditer pendant le temps de l'Avent mais ne pas en avoir eu le temps parce «qu'il y avait tellement de choses à faire.»

Aujourd'hui comme hier, l'accaparement nous empêche de faire de la place, ne serait-ce qu'un tout petit moment de silence, à la vérité de Noël.

Il n'y a pas seulement le manque de temps qui nous empêche d'ouvrir notre porte à la présence simple et pauvre de Dieu, il y a aussi la peur de Noël. Je connais des personnes qui ont du temps à revendre, soit qu'elles vivent une solitude imprévue, une maladie ou un accident de parcours, et qui ont peur d'ouvrir leur porte à Noël. Elles préfèrent se barricader dans leur isolement. Pourquoi? Elles ont peur de se faire trop mal en pensant à tout ce qui fait la beauté et la joie de Noël, alors qu'elles sont acculées à porter le poids de leur tourment, irrémédiablement seules. À trop se représenter la joie de Noël, cette joie qu'on ne se croit plus capable d'atteindre, on mesure la distance qui nous en sépare et on se fait mal. Aussi n'est-ce pas surprenant que d'aucuns préféreraient sauter par-dessus Noël et n'en plus parler du tout.

Voilà une autre porte qui est bien fermée. Elle est encore plus lourde parce qu'elle renferme de la douleur. Pourtant, je me dis que Dieu est bien au courant de ces portes que nous fermons devant Lui. Pourquoi alors ne défonce-t-il pas et ne nous montre-t-il pas, même de force, le sens vrai de Noël?

Justement, la violence et les portes forcées n'appartiennent pas à Noël. De plus, alors que nous cherchons un Noël tout fait et sur mesure, en dehors de nous, de nos vies et de nos souffrances, c'est là même que Dieu établit sa crèche. C'est là qu'il nous convie à une rencontre pour briser nos solitudes; à une joie profonde et simple pour habiter nos pleurs; à un amour responsable pour vaincre nos égoïsmes; à une espérance sans fin pour briser les chaînes de notre aujourd'hui. Emmanuel veut dire Dieu avec nous: il est déjà là et il a tout son temps. Il nous attend.

Merveille de Noël

L'ange de Dieu s'approche de Marie et lui dit: «Salut, comblée de grâce, le Seigneur est avec toi... Voici que tu concevras et enfanteras un fils auquel tu donneras le nom de Jésus. L'Esprit Saint viendra sur toi et te couvrira de son ombre».

Loin de moi la prétention d'expliquer ce texte. Il est clair cependant que nous sommes en présence d'une des affirmations essentielles de l'Écriture et d'un des objets essentiels de la foi; Dieu parle et il se fait reconnaître. Parle-t-il avec nos mots, sous un visage humain, ce n'est pas toujours clair. L'important cependant est la conviction que nous avons d'être mis en relation avec lui.

Tout au long de l'Ancien Testament, la Parole de Dieu est adressée aux patriarches, aux prophètes, aux sages. Contester que Marie de Nazareth ait pu être l'objet d'une révélation serait d'une certaine façon porter atteinte à l'existence même de la révélation, comme à un des aspects constitutifs de l'histoire sainte, c'est-à-dire «les merveilles de Dieu».

Ces merveilles nous sont données. Elles ne sont pas le lot de personnes très spéciales, sinon dans leur qualité de simplicité et d'humilité. C'est justement ce qui fonde la relation de Marie avec Dieu: elle est ouverte et accueillante. Son affirmation qu'elle «ne connait point d'homme» montre bien qu'elle est consciente de l'impossibilité humaine de ce que l'ange lui annonce et du fait qu'il s'agit donc d'une oeuvre de la seule puissance divine. Or, c'est précisément l'objet de la foi que de croire que «rien n'est impossible à Dieu».

Comment expliquer que Marie ait pu faire confiance et qu'elle ait acquiescé à la parole de l'ange? Voilà un autre des merveilles de Dieu; en même temps une des plus grandes merveilles de la personne humaine. Car s'il est vrai que notre génie humain peut créer des oeuvres gigantesques, voilà que la foi de cette fille de Nazareth a créé le lieu où Dieu même est venu au monde.

À bien y penser, cette action merveilleuse n'est pas exclusive à Marie. Elle est possible à chacun de nous à Noël. Dieu est déjà venu au monde certes, mais le monde n'est pas encore «venu à Dieu» complètement. C'est pourquoi il y a encore la merveille de Noël, cette année.

L'esprit de Noël

Y a-t-il un esprit de Noël ou bien un Esprit à Noël? Est-ce que les deux se recoupent?

L'esprit de Noël est soufflé par les vents vigoureux des campagnes publicitaires. Les aubaines, les cadeaux, les petits plaisirs, les décorations, les «parties», en sont les marques les plus apparentes. Il y a aussi les campagnes de charité et de partage, les mélodies aux mille clochettes, la messe avec le réveillon, les retrouvailles en famille. Vous en conviendrez! Il s'agit de tourner la page du mois de novembre pour que cet «esprit de Noël» s'ébranle et commence à nous envahir. Sitôt le calendrier terminé, l'esprit s'éteint et s'en va.

Mais l'autre esprit, le vrai, où est-il là-dedans? D'aucuns m'accuseront de récupération en disant qu'il est un peu partout, à l'oeuvre dans cet «esprit de Noël». D'une certaine façon, il le recoupe et l'inspire. L'Évangile ne dit-il pas: «Il souffle où il veut, on ne sait d'où il vient, ni où il va».

Pourtant, j'aimerais le voir plus apparent, plus en évidence. Ne serait-il pas un peu trop perdu sous l'amas de «bébelles» et de décorations? N'aurait-il pas besoin de réviser ses politiques de marketing et de restituer sa popularité à Noël? Cette fête n'est-elle pas d'abord la sienne? Ne serait-il pas temps d'envisager un bon ménage là-dedans, un peu comme au temple de Jérusalem?

J'entends d'ici le Père Éternel me répondre: «Pars pas en peur. Mes stratégies de marketing ne sont pas les tiennes. À Bethléem, j'ai frappé à la porte de bien des fêtes, mais on n'a pas voulu m'ouvrir. Si tu remarques, je me suis trouvé un coin juste à côté de ces fêtes, dans une étable, et c'est là qu'une autre fête a commencé, animée par mon Esprit. Tu sais, pas plus à Noël qu'en un autre temps, il ne faut forcer la porte des coeurs. C'est à chacun de venir à ma fête. Comment veux-tu fêter quand tu as le coeur fermé? Et tu sais qu'il n'y a pas de marchands capables d'ouvrir et de transformer les coeurs. Aussi, ne t'énerve pas et annonce simplement que «juste à côté de l'esprit de Noël, oh! pas loin, car je ne me cache pas, il y a mon Esprit».

Pas d'oubli sur Noël

Surtout, n'oubliez pas Noël et le Jour de l'An! Il a fallu tellement de peine pour préparer ces deux journées qu'il importe de faire tout notre possible pour les faire durer longtemps. Si possible tout au long de l'année qui vient.

Alors que d'aucuns calculent les montants qu'ils doivent payer pour acquitter leurs factures, que d'autres se remettent lentement en forme à la suite de certains excès, l'oubli du temps des fêtes semble s'installer.

Pourtant, en jetant un léger coup d'oeil en arrière, juste par dessus notre épaule, nous pouvons évaluer que le temps des fêtes ne cache pas que des événements douloureux qu'il faille oublier au plus vite. Bien au contraire.

À chaque année, le temps de Noël invite à des attitudes de service, d'ouverture aux autres, de joie, d'esprit de famille qui représentent des atouts certains pour que la vie «normale» soit plus agréable et plus belle tout au long de l'année. Les résolutions du jour de l'An, même si elles ne sont pas prises avec tout le sérieux qu'elles pourraient représenter, n'en constituent pas moins des efforts personnels pour nous orienter vers un bonheur auquel nous ne cessons d'aspirer.

Un jeune d'une dizaine d'années me disait qu'il avait déjà décidé quel cadeau il donnerait à son père l'an prochain. Un cadeau, me dit-il, «qui va tellement le rendre heureux qu'il va toujours rester avec nous autres». En effet, le père en question n'a passé que deux jours et demi à la maison, mais des journées que l'enfant voudrait voir durer toute l'année. Serait-ce possible l'an prochain? En tout cas, ce jeune le souhaite et mettra tout son effort et son coeur à préparer Noël prochain.

La logique de ce jeune est simple. Si ce fut possible pour quelques jours cette année, ce devrait être possible pour plus longtemps l'an prochain. Faut-il lui reprocher de penser ainsi? Je ne crois pas. C'est précisément l'espérance de Noël, que ce jour dure toujours.

Bien démarrer l'année

Quand les automobilistes roulent dans le brouillard, ils risquent gros. Parfois, ils ne voient même pas la distance d'une autre auto en avant d'eux; et pourtant, ils avancent quand même. Comment expliquer cela; sinon par un acte de foi et un acte d'espérance.

D'abord par un acte de foi. Acte de foi que la ligne au milieu de la route a été bien tracée et qu'elle sépare bien la voie en deux; acte de foi qu'il n'y a pas de trous ou d'obstacles en avant; acte de foi que l'automobiliste qui vient en sens inverse demeure dans sa partie de la route.

Ensuite par un acte d'espérance. Acte d'espérance qu'au fur et à mesure qu'il avance, la route ne cessera de se révéler à lui; acte d'espérance qu'à chaque instant de sa route la visibilité sera assez grande pour lui permettre de réagir.

Sans ces actes de foi et d'espérance, jamais personne, par temps de brouillard, ne peut entreprendre un voyage en toute confiance. Sans ces mêmes actes de foi et d'espérance, personne ne peut entreprendre une année nouvelle en toute sérénité.

Commencer une année, c'est toujours un peu inquiétant. Qu'est-ce que ce sera? Bon ou mauvais? Si nous ne portons pas l'espérance que chaque jour qui vient amène avec lui l'éclairage dont nous avons besoin pour continuer, le «premier de l'an», en est un bien triste et angoissant. Si, par ailleurs, nous n'avons pas la foi que tous ceux qui nous entourent vont continuer de nous aider et que chacun de nous sommes munis de richesses pour faire face à l'imprévisible, le début de l'année devient bien inquiétant.

La sagesse consiste à découvrir que la constance et la force dans les années passées sont garantes pour l'année qui vient. Elle réside aussi dans l'espérance que la lumière des années passées va jaillir plus forte et plus brillante dans l'an nouveau.

Heureux sont ceux pour qui ces noms de force, de constance et de lumière ont pour racine et synonyme: Dieu. Ils ne seront pas déçus.

Le goût du chapeau

Ils étaient venus à la messe et avaient pris place dans la dernière rangée, à l'arrière. Je les observais depuis un bon moment. Le papa, très attentif au déroulement de la célébration, se tenait debout, suivant les prières dans son petit livret. Il avait déposé son chapeau et ses gants sur le banc. La jeune fille, elle, trop jeune pour comprendre ce qui se passait dans l'assemblée, mimait les attitudes de son père: elle se mettait à genoux, se relevait, lisait en marmonnant dans son feuillet tenu à l'envers, joignait les mains, fermait les yeux, et de temps en temps, oubliait tout cela pour demander à son père: «Est-ce que c'est fini?»

Au moment de la prière du Notre-Père, je remarquai que la jeune fille s'était trouvé une nouvelle occupation. Assise toute droite sur le banc, son père étant debout, mademoiselle avait mis les gants de papa et jouait à mettre et à enlever le chapeau paternel. Elle se le calait jusqu'au nez, le renfonçait un peu pour s'assurer qu'il lui faisait bien, prenait des poses qu'on aurait dit étudiées d'avance; bref, elle copiait son père. Elle avait plaisir à le faire.

J'étais presque inquiet de ce que le père se retourne et ravisse le chapeau à sa fille. Mais non, il se rendit bien compte du stratagème. Mais comme il devait quitter un instant sa fille pour aller communier, je crois qu'il profita de l'intérêt soudain pour le chapeau et demanda à sa petite de «bien prendre soin du chapeau et des gants» pendant que papa irait communier».

Je quittai moi aussi mon poste d'observation, près des confessionnaux, pour aller distribuer la communion. Non sans me rendre compte auparavant de quelle précaution, la fillette entourait le chapeau et les gants.

Cette image du père, de la fille et du chapeau me revient en tête en cette veille du nouvel an. Cette jeune fille, au début de sa vie, a reçu le goût d'imiter son père. Elle a le goût de marcher dans ses pas et de porter son chapeau. Elle a également appris le sens des responsabilités. Je la trouve heureuse et chanceuse d'avoir ainsi un chapeau à porter. C'est un chapeau qui donne du sens à sa vie.

Quel que soit notre âge, je nous souhaite de découvrir un chapeau qu'un père a laissé derrière son dos et que nous ayons le goût de nous placer sur la tête, non seulement pour l'imiter, mais pour dire que nous avons le goût de la vie qu'il nous a léguée. Ah oui! Deux précisions: c'est au moment du Notre-Père que le chapeau m'a frappé et, deuxièmement, j'étais heureux de partager le pain de l'eucharistie au papa. A lui et à vous tous: Bonne Année!

La méthode «avec carte»

N'est-ce pas agréable de faire des cadeaux? N'est-il pas excitant de penser à l'expression que fera l'enfant, l'ami ou bien le conjoint quand il déballera son cadeau? Notre coeur est ainsi fait qu'il se réjouit de faire plaisir; il se grandit à penser aux autres.

À l'occasion d'une émission de Noël de la série *2 000 ans après Jésus-Christ,* nous avions comparé le «don de Dieu» à un cadeau qu'il nous inviterait à déballer; une lettre que nous pourrions décacheter, sachant très bien que ce cadeau ou cette lettre vient de Lui. Pendant cette émission, nous nous étions attardé à définir le contenu du cadeau.

En décachetant l'amour, nous pouvons trouver les ingrédients pour fabriquer la justice, la paix, le service. Nous pouvons trouver les instruments pour bâtir la solidarité, le respect des droits des personnes, pour vaincre la pauvreté. Nous pouvons trouver les moyens pour nous aimer les uns les autres et surtout pour nous aimer nous-même. Enfin, nous pouvons trouver les énergies nécessaires à tendre la main à nos ennemis, à soutenir et relever ceux qui sont blessés, à donner la lumière aux aveugles.

Tout cela était beau. Tout cela se tenait et avait du sens. D'autant plus que chaque moment de l'émission était supporté d'un passage biblique qui venait conférer sa note d'authenticité à notre «cadeau.»

Pourtant, je crois que nous avons oublié un élément important.

Il y a deux façons fondamentales de développer un cadeau: la minutieuse et la déchireuse, penserez-vous! Mais ce n'est pas de cette sorte de déballage que je veux parler. Plutôt de la sorte, «avec carte» et «sans carte». La méthode «sans carte» est celle qui, dans la frénésie du moment, se précipite sur le contenu du cadeau, sans faire aucun cas de la carte qui l'accompagne. La méthode «avec carte», elle, prend occasion du cadeau pour se relier au donateur. C'est là toute la différence. Cela s'appelle de la «reconnaissance» et de «l'affection».

La vérité de Noël

Ils sont de moins en moins nombreux ceux qui peuvent se rappeler du souvenir de la magnifique orange qu'ils ont reçue en cadeau à l'occasion de Noël. C'était, paraît-il, en temps de crise. Temps de misère. Temps où le matériel faisait défaut mais le spirituel abondait.

Ils sont de plus en plus rares, aujourd'hui, ceux qui se satisferaient d'une orange pour leur cadeau de Noël. Car notre époque est une époque d'abondance. Époque de consommation. Époque de fantaisie. Époque où le matériel abonde, mais le spirituel fait défaut.

Ainsi va la vie. Les sages voudraient décider quel

temps ou bien d'hier ou bien d'aujourd'hui est le plus propice à vivre Noël. Ils voudraient ajouter à l'abondance d'aujourd'hui, le spirituel d'hier et faire en sorte que le bonheur de Noël soit enfin possible, sur mesure. Mais c'est peine perdue.

Noël ne s'achète pas. Il ne se quémande pas. Il se donne et se reçoit. Noël fait toujours et sans cesse appel à une vie qui se donne. Il est la reprise inachevée du geste par lequel Dieu met la Vie au monde, justement pour que la vie nous soit donnée.

Ne nous y trompons pas. Quand Noël est heureux dans une maison, hier en période de pauvreté ou bien aujourd'hui en période d'abondance, c'est qu'il y a quelqu'un pour donner sa vie, par amour, gratuitement. Quelqu'un qui s'oublie pour que l'autre sente son importance. Quelqu'un qui donne l'amour pour que l'autre se sente aimé et découvre le goût d'aimer à son tour.

À chaque Noël, des parents refont le geste de Dieu: ils s'oublient pour leurs enfants. À chaque Noël, des couples refont le geste de Dieu: ils pardonnent et font renaître l'espérance. À chaque Noël, des groupes, des mouvements, des pays même refont le geste de Dieu: ils parlent de paix, ils secourent des pauvres, ils visitent des malades et des prisonniers.

À chaque Noël, riche ou pauvre, la vérité n'a pas changé: le bonheur tient toujours en la présence de Dieu. Puissions-nous avoir l'audace de ce vrai Noël!

Surprise de la prière

«Que tout se fasse pour vous selon votre foi» avait dit Jésus aux deux aveugles qui lui avaient demandé leur guérison. Ils ont été guéri: d'après Saint-

Matthieu au chapitre 9, versets 27-31 de son Évangile.

Si Jésus répondait la même chose en face de nos demandes, n'aurions-nous pas un certain nombre de surprises?

Certes, à l'approche de Noël, il n'est pas rare que nos prières se fassent plus ferventes: «Seigneur, redonne la paix à mon foyer!»; «Seigneur, rends-moi capable de pardonner»; «Seigneur, redonne-moi la santé»; «Seigneur, répare notre amour qui est brisé». Autant de cris qui résonnent aujourd'hui dans l'écho des appels qui montaient jadis vers Jésus: «Jésus, Fils de David, aie pitié de nous».

Supposons que chacune de nos prières soit vraiment entendue et que Dieu y réponde... mais à la condition de Jésus: «Que tout se fasse pour vous selon votre foi». La surprise ne serait-elle pas grande de «notre bord».

Prenons seulement l'exemple de la prière pour la paix entre deux personnes ou bien entre deux nations. Si Dieu disait: «Bien, je vais répondre à votre prière, mais selon la qualité de foi que vous avez en vous». Autrement dit, la sorte de paix qui va régner dorénavant, c'est la paix que vous nourrissez dans votre coeur. Voyez-vous la surprise?

Peut-être que la paix pour laquelle nous prions ressemble trop à cette paix par laquelle nous imposons aux autres. Peut-être que l'amour et le pardon pour lesquels nous prions, ne ressemblent pas assez à l'amour et au pardon que Dieu, en Jésus, ne cesse de nous manifester en répondant à nos prières. Voyez-vous la surprise?

Pas étonnant que bien souvent nous accusions Dieu de ne pas répondre à nos prières; ses réponses ne sont pas celles que l'on veut entendre. Pas étonnant, non plus, que beaucoup ne le reconnaissent pas à Noël; sa présence n'est pas celle que l'on attendait.

Je suggère que nous demandions à Dieu d'augmenter notre foi à Noël. Voyez-vous la surprise pour Lui?

Notes biographiques de l'abbé Roland Leclerc

Ordonné prêtre le 3 septembre 1973, l'abbé Roland Leclerc a toujours exercé son ministère presbytéral dans le milieu des communications sociales. D'abord animateur de la messe télévisée à Radio-Canada à l'été 1971, il n'a cessé depuis d'être présent au petit écran, soit à la télévision de Trois-Rivières, son lieu d'origine, soit au réseau TVA avec l'émission «2000 ans après Jésus-Christ» et «En toute amitié», soit à la messe «Le Jour du Seigneur» de Radio-Canada.

Sa responsabilité de Directeur de l'Office pastoral des communications sociales pour le diocèse de Trois-Rivières l'a conduit à signer, chaque semaine, dans les Hebdos régionaux (Cap-de-la-Madeleine, Trois-Rivières et Shawinigan) une chronique intitulée «Au rythme de la vie». Il demeure fidèle à cette chronique depuis maintenant 13 ans.

Actuellement responsable du secteur Edu/Médias (Education de la foi par les Médias) à l'Office de Catéchèse du Québec, l'abbé Roland Leclerc est également membre consultant du Comité épiscopal des communications sociales et membre du conseil d'administration de Auvidec inc., compagnie dédiée à la production d'émissions religieuses. Il est également vicaire dominical à la paroisse Sainte-Bernadette de Cap-de-la-Madeleine.

Trifluvien de naissance, il est le plus jeune d'une famille de huit enfants. Il a obtenu une maîtrise ès Arts en théologie de l'Université du Québec à Trois-Rivières en 1973 et un diplôme d'études supérieures en communication de l'université Concordia en 1978. Le titre de sa thèse de Maîtrise est: «L'expérience religieuse pour l'homme de l'audio-visuel». Il a publié aux Éditions Paulines en 1983 «Réflexions à saveur d'Évangile» et aux Éditions Publi-Hebdos en 1978 «Au rythme de la vie», en plus d'autres ouvrages spécialisés sur la pastorale des communications.